von
Angelika

Beruf als Weg *oder*

Die Kunst, entspannt Karriere zu machen

DONA WITTEN /
AKONG RINPOCHE

Beruf als Weg *oder* Die Kunst, entspannt Karriere zu machen

aus dem Englischen
von Michael H. Koulen

THESEUS VERLAG

Theseus im Internet: http://www.Theseus-Verlag.de

Bitte fordern Sie unseren Gesamtprospekt an.

Die Deutsche Bibliothek – CIP-Einheitsaufnahme
Witten, Dona:
Beruf als Weg oder Die Kunst, entspannt Karriere zu machen /
Dona Witten/Akong Rinpoche. Aus dem Engl. von Michael H.
Koulen. - Berlin : Theseus Verl., 1999
Einheitssacht.: Enlightened management <dt.>
ISBN 3-89620-133-6

Titel der englischen Originalausgabe
Enlightened Management
erschienen bei Rider, (Ebury Press),
Random House, 20 Vauxhall Bridge Road,
London SW1V 2SA, GB

© 1998 Dona Witten and Dr. Akong Tulku Rinpoche
© 1999 der deutschen Ausgabe by Theseus Verlag, Berlin

Umschlaggestaltung: Morian & Bayer-Eynck, Coesfeld
unter Verwendung eines Bildes von Hildegard Morian
Gestaltung und Satz: Typografik & Design – Ingeburg Zoschke
Druck: Wiener Verlag, Himberg
Printed in Austria

ISBN 3-89620-133-6

Gedruckt auf alterungsbeständigem Papier mit chlorfrei gebleichtem Zellstoff

Inhalt

Einleitung

Zur Entstehung dieses Buches haben verschiedene Einflüsse beigetragen. Der erste und wichtigste war wohl, dass ich das Glück gehabt habe, seit über zwanzig Jahren bei einigen bemerkenswerten Menschen lernen und arbeiten zu dürfen, die von dem Thema dieses Buches sehr viel verstehen. Diese Menschen, meine Meditationslehrer, haben mir den Zugang zu einer besonderen Welt eröffnet. Die Tatsache, dass mein Leben so reich und sinnvoll geworden ist, verdanke ich vor allem ihnen. Bei all dem, was sie mir beigebracht haben, zählt vielleicht am meisten, dass sie mich gelehrt haben, wie man lebt, wie man mit anderen zusammenarbeitet und wie man die Zusammenarbeit mit anderen dazu nutzt, sich selbst kennen zu lernen.

Durch ihr Vorbild haben sie mich mindestens so viel gelehrt wie durch ihre Worte. Diese guten Freunde waren, Zufall oder nicht, Praktizierende des tibetischen Buddhismus. Was sie uns darüber mitzuteilen haben, wie man in Harmonie mit sich und seinen Mitmenschen leben kann, überschreitet jedoch die Grenzen jeder spezifischen Religion oder Kultur. Es hat direkt mit dem zu tun, was allen Menschen gemeinsam ist. Dieses Buch erklärt vielleicht etwas von ihren außerordentlichen Erfolgen bei der Arbeit mit Menschen, die zum Teil mit erheblichen Problemen zu kämpfen hatten.

Seit zwanzig Jahren beobachte ich, wie diese Lehrer mit ihren Schülern aus Asien und aus dem Westen arbeiten. Ich habe gese-

7

hen, wie kleine Gruppen, die in einem einzelnen Land nicht mehr als zehn oder zwanzig Personen umfassten, im Laufe der Jahre zu Organisationen mit Hunderttausenden von Mitgliedern wuchsen. Im Zentrum dieser Organisationen standen immer auch hervorragende Manager. Ihre Aufgabe war oft nicht leicht. Bei den beschriebenen Entwicklungen ist es nicht immer ohne Turbulenzen und Konflikte zugegangen. Es gab Hindernisse und Rückschläge, doch sie haben durch ihre Beharrlichkeit gezeigt, wie man Konflikte mit nicht-aggressiven Mitteln lösen kann. Ich habe beobachten können, wie sie in Situationen, in denen jede friedliche Lösung unmöglich schien, Übereinstimmung zwischen den Beteiligten bewirkt haben und wie sie bei diesen Prozessen gewachsen und gereift sind. Es scheint, als ob ihre menschliche Reife und ihre Zufriedenheit immer größer wurden, je mehr sie von sich selbst in ihre Arbeit, in ihre Managementaufgaben, hineingaben.

Es gibt ein besonderes Hilfsmittel für derartige Aufgaben, eine außergewöhnliche Meditationspraxis, die *Die Sieben Stufen des Geistestrainings* genannt wird. Sie bildet die Grundlage des vorliegenden Buches. *Die Sieben Stufen* ist kein moderner Text, sondern er wurde im zwölften Jahrhundert von dem tibetischen Mönch Chekawa Yeshe Dorje aus Lehren des berühmten indischen Gelehrten und Meditationsmeisters Atisha zusammengestellt. Es ist bemerkenswert, dass dieses Werk heute noch so frisch und vital wirkt wie wohl schon vor 800 Jahren.

Zwei Aspekte an Die Sieben Stufen *fallen besonders auf:* Es sind dies die Weisheit und die Prägnanz des Textes. Im Prinzip handelt es sich um ein Handbuch mit Anleitungen, wie man sein tägliches Leben durch Meditation verändern kann. Die Grundannahme ist, dass jeder Mensch mit weltlichen Aktivitäten befasst ist. Diese Aktivitäten werden zur Grundlage einer spirituellen Lebensführung genutzt. In seiner Einleitung betont Chekawa sogar, die Gelegenheit zur Anwendung der beschriebenen Techniken sei umso günstiger, je widriger die äußeren Umstände sind.

Die Sieben Stufen geben keine Garantie für sofortigen Erfolg, doch auf jeden Fall weisen sie uns einen effektiven Entwicklungsweg. Der erste Teil des vorliegenden Buches greift sehr stark auf die alten Anweisungen zurück. Dabei haben wir möglichst viel von den kulturellen Eigenheiten Asiens beiseite gelassen und nur das übernommen, was eine gewisse Allgemeingültigkeit hat. Deshalb müssen Sie auch nicht Buddhist oder Buddhistin werden, um Nutzen aus dem Folgenden zu ziehen.

Das Manuskript entstand überwiegend während meiner jährlichen Besuche im tibetischen Zentrum von Samye Ling in Eskdalemuir in Schottland. Vor über zwanzig Jahren habe ich hier meine Reise in das Reich des tibetischen Buddhismus begonnen, und soweit ich es bis jetzt beobachtet habe, hat es dort seitdem nicht aufgehört zu regnen. Samye Ling ist für mich sehr wichtig. So oft ich kann, kehre ich dorthin zurück – trotz der Feuchtigkeit, des Schlamms und der schottischen Küche. Ich komme zurück, um meinen Lehrer zu sehen, den Ehrwürdigen Akong Tulku Rinpoche, einen erstaunlich alltäglich aussehenden Tibeter mittleren Alters, dessen Frau mit ihren drei Kindern ebenfalls zu den außergewöhnlichsten Managern im Umgang mit anderen Menschen gehört, die ich je kennen gelernt habe. Mehr als jeder andere hat Rinpoche mir gezeigt, wie wichtig Friede und Harmonie sind. Und er hat mir auch gezeigt, welche Wunder Menschen bewirken können, wenn sie harmonisch zusammenarbeiten. Seine Arbeit bildet die Grundlage für die Übungen im zweiten Teil dieses Buches.

Dr. Akong Tulku Rinpoche praktiziert tibetische Medizin. Außerdem ist er ein bedeutender tibetisch-buddhistischer Meditationsmeister mit Hunderten von Schülern und Leiter des Samye Ling Tibetan Centre in Schottland, einem der größten buddhistischen Meditationszentren weltweit. In seiner »Freizeit« ist er Präsident der internationalen Hilfsorganisation ROKPA, die unter dem Motto »Helfen, wo Hilfe nötig ist« arbeitet. In Tibet, Indien, Nepal, Großbritannien, den USA sowie in zahlreichen anderen Ländern hat er Kliniken, Krankenhäuser, Waisenhäuser, allgemeine Schulen, Schulen für tibetische Medizin, Therapieeinrichtungen und viele andere Initiativen gegründet, die dazu beitragen, menschliches Leiden zu erleichtern.

Man muss kaum erwähnen, dass Dr. Akong Tulku Rinpoche oder »Rinpoche«, wie er einfach genannt wird, ein hervorragender Manager ist – und ein glücklicher dazu. Er liebt seine Arbeit und die Menschen, mit denen er arbeitet. Und was genauso wichtig ist: Auch die Menschen, die mit ihm arbeiten, lieben und respektieren ihn. Dies ist sein Buch. Er hat mir und anderen beigebracht, was wir wissen, und wir geben sein Lebenswerk weiter. Die Philosophie und die praktischen Übungen stammen ausschließlich von ihm. Das Ganze ist sein Geschenk für Sie, und es sind keine Bedingungen damit verknüpft.

Die Philosophie und die Techniken, die den Übungen zugrunde liegen, sind jahrhundertealt. Rinpoche hat sie von seinen Lehrern gelernt und diese wieder von ihren Lehrern. Es ist also kein schmaler Pfad durch die Wildnis, sondern ein viel begangener Weg, über den auch ein Dalai Lama und eine Mutter Theresa gegangen sind.

Dieses Buch bietet eine *erfahrungsorientierte* Anleitung zum Thema Spiritualität und Arbeit. Die beiden ersten Kapitel beschreiben die Aufgaben. In den folgenden Kapiteln »Die Schulung der Aufmerksamkeit« und »Den Tiger kennen lernen« stelle ich die »Täglichen Übungen« aus Teil II vor. Die restlichen Kapitel vertiefen die besonderen Herausforderungen einer Transformation des eigenen Arbeitslebens. Ich schlage vor, mit diesen Kapiteln zu beginnen und sie dann noch einmal der Reihe nach durchzuarbeiten – zum Beispiel, wenn die entsprechenden Themen für Sie aktuell werden. Aber Sie können mit den Übungen auch schon vor den »Fortlaufenden Übungen« in Teil II arbeiten. Entscheidend ist, dass Sie sich selbst Gelegenheit geben, die Veränderungen zu *erleben*, statt nur über sie zu lesen und sich auf eine intellektuelle Verarbeitung zu beschränken.

Teil I

GRUNDLAGEN

Spiritualität und Arbeit

Wieso glauben Sie,
dass Arbeit und Meditation
zwei verschiedene Dinge sind?

AKONG TULKU RINPOCHE

Dieses Buch ist für Menschen gedacht, die glücklich sein und ein erfülltes, erfolgreiches Leben führen wollen. Es richtet sich in erster Linie an Personen, zu deren Aufgaben es gehört, dafür zu sorgen, dass andere harmonisch und ertragreich zusammenarbeiten. Das hat einen bestimmten Grund: Diese Gruppe – die hier meist generell als Manager bezeichnet wird – ist diejenige, von der die Zufriedenheit der Mitarbeiter und das wirtschaftliche Wohlergehen der Unternehmen am stärksten beeinflusst wird. Die meisten Menschen arbeiten in »gemanagten« Strukturen: Jemand sagt Ihnen, was Sie zu tun haben; oder Sie geben selbst Anweisungen, was andere zu tun haben. Das glauben Sie nicht? Denken Sie doch an Ihren eigenen Arbeitsbereich. Wer hat das größte Potential, um Ihr Leben in ein Paradies oder eine Hölle zu verwandeln? Mit allergrößter Wahrscheinlichkeit Ihr unmittelbarer Vorgesetzter.

Bei dem Versuch herauszufinden, was einen guten Manager ausmacht, sind zahllose Karrieren entstanden und beträchtliche Vermögen zusammengetragen worden. Man geht kein großes Risiko ein, wenn man behauptet, dass nur wenige von uns auf Anhieb schon sehr gute oder gar perfekte Manager wären. Dies ist eine Kunst, die man lernen muss. Man muss daran arbeiten.

Glück oder Arbeit?

Jeder Mensch möchte glücklich sein. Jeder Mann, jede Frau und jedes Kind auf diesem Planeten möchten glücklich sein. Wenn man so will, gehört es zum Kern dessen, was uns als Menschen ausmacht. Und doch verbringen wir, trotz dieses gemeinsamen Ziels, den größten Teil unseres Arbeitslebens zweifellos damit, uns selbst und unsere Arbeitskollegen ausgesprochen unglücklich zu machen.

Wir geben uns bei unserer Arbeit Mühe, und trotzdem finden wir nur ganz selten das Glück oder die Erfüllung, die wir uns wünschen. Das gleiche gilt für die Unternehmen. Nur wenige Firmen arbeiten heute so profitabel oder werden so gut gemanagt, wie es wünschenswert wäre. Viele Angestellte geben auf Befragen zu, frustriert zu sein und darunter zu leiden, dass sie sich nicht anerkannt fühlen. Sie beklagen sich über Vorgesetzte, die sich ihren Bedürfnissen gegenüber gleichgültig verhalten und in selbstsüchtiger Arroganz den Bezug zum normalen Arbeitsalltag verloren haben. Auf der anderen Seite kann man oft hören, wie sich Manager über die Lustlosigkeit und mangelnde Motivation ihrer Mitarbeiter sowie ihre eigene angebliche Wirkungslosigkeit beklagen.

Mit anderen Worten: Ob »Boss« oder »Arbeitsbiene« oder irgendwo dazwischen, die Menschen arbeiten nicht wirklich gern miteinander. Sie mögen sich nicht sehr. Es gefällt ihnen nicht, wie sie behandelt werden, und sie sind auch nicht besonders stolz darauf, wie sie andere behandeln. Selbst wenn man sich »persönlich« gut leiden kann, findet man es doch oft extrem schwierig, effektiv miteinander zu arbeiten.

Insbesondere die ständige Spannung zwischen den Polen »Führung« und »Arbeitskraft«, zwischen Boss und Untergebenen, macht die Arbeit eher zu einer Art Schlachtfeld als zu einem Ort kooperativer Anstrengung. Meistens arbeiten die Menschen nicht zusammen, weil sie es möchten, sondern weil sie es müssen. Und dennoch, trotz aller Differenzen haben die Menschen ein gemeinsames Ziel: Jeder möchte glücklich sein.

Die wenigsten von uns glauben, dass Arbeit glücklich machen kann. Statt dessen suchen wir unser Glück anderswo. Manche kümmern sich um ihre Freunde oder die Familie. Andere widmen sich exotischen Hobbies oder werden zum »Wochenend-Krieger«. Wieder andere entwickeln ein Bedürfnis nach religiöser Erfahrung, um dem Leben eine tiefere Bedeutung zu geben und die innere Leere auszufüllen. Die Arbeit wird über das damit verbundene Geld und den Status zum Mittel, das es ermöglicht, anderswo das Glück zu suchen.

Natürlich gibt es Menschen, die noch nicht aufgegeben haben, ihre Erfüllung in der Arbeit zu suchen. Sie wollen Erfolg, und sie arbeiten sehr hart dafür. Sie machen Überstunden, nehmen an Fortbildungen teil, qualifizieren sich durch weitere akademische Abschlüsse, immer auf der Suche nach Auszeichnung. Einige haben damit Erfolg. Aber ist diese Art von Erfolg das gleiche wie persönliches Glück?

Wie viele Angestellte würden sofort bestätigen, dass es durchaus möglich, ja sogar wahrscheinlich ist, im Beruf erfolgreich zu sein, ohne dabei persönlich glücklich zu werden? Für sie hat Glück offenbar nichts mit materiellem Erfolg zu tun. Andererseits würden diese Menschen ebenfalls betonen, dass Glück ohne eine gewisse materielle Grundlage nicht gut möglich ist. Nur wenige haben das Verlangen oder überhaupt die Möglichkeit, sich von ihren Verpflichtungen zu befreien, um »sich selbst zu finden«. Sie haben eine Familie, einen Job, Kinder und die allgegenwärtige Hypothek auf dem Haus.

Es gibt diesen Glauben, man hätte sich zu entscheiden zwischen persönlichem Glück bzw. persönlicher Kompetenz und dem professionellen Erfolg für sich und sein Unternehmen. Daraus entsteht jenes latente Misstrauen gegenüber erfolgreichen Menschen – und gegenüber glücklichen Menschen. Und ganz besonders gegenüber glücklichen und erfolgreichen Menschen.

Wie man lernt,
ein guter Manager zu sein

In Business-Seminaren lernt man, dass ein guter Manager jemand ist, der seine Mitarbeiter effektiv führt, um profitable Ergebnisse zu erreichen. Gute Manager haben gelernt, ihre Zeit effizient zu organisieren. Einen guten Manager erkennt man daran, dass er im Unternehmen umhergeht und sich mit den Leuten unterhält. Außerdem hat er gelernt, andere zu inspirieren und zu führen. Die Liste ließe sich beliebig fortsetzen. Der Punkt hierbei ist: Menschen *lernen*, Manager zu werden. Bestimmte Verhaltensweisen und organisatorische Techniken müssen erlernt werden. Diese Verhaltensweisen und Techniken entwickeln sich zu einer Art Geheimsprache, über die man mit Vorgesetzten, Kollegen und Mitarbeitern kommuniziert. Die Regale der Buchhandlungen sind voller Ratgeber, wie man diese Sprache erlernt und verfeinert.

Die Geheimsprache bietet jedoch nicht viele Variationsmöglichkeiten. Die meisten Variationen sind nur innerhalb eines recht schmalen Spektrums von Optionen möglich. Man kann sich beispielsweise für das japanische Paradigma entscheiden oder beschließen, ein »Eine-Minute-Manager« zu werden. Bei Managern insgesamt, speziell auf der mittleren Ebene, toleriert man wenig Abweichung von der »Norm«. Den Ausdruck »exzentrisch« hört man selten, wenn heute Vertreter des mittleren Managements beschrieben werden.

Manche Manager lernen diese Lektionen leichter als andere, und andere lernen sie leider nie. Für die meisten ist dieses Lernen unentbehrlich, um mit anderen optimal in einer Unternehmensumgebung arbeiten zu können. Dennoch bleibt zumeist eine gewisse Tendenz zur Selbst-Bezogenheit bestehen und macht ein effizientes und kooperatives Arbeiten in Gruppen praktisch unmöglich.

Ein Riss entsteht

In dem Maße, in dem Manager ihre Lektionen lernen, werden sie zu »Profis«, die ihr »natürliches Selbst« mit Schichten von erlernten Charakterzügen überdecken, die der neuesten Managementphilosophie entstammen. Sie lernen Anzüge zu tragen, mit ihrem Körper wie mit ihrem Geist. Doch sobald das geschieht, entsteht ein Riss – ein Riss zwischen dem professionellen und dem persönlichen Selbst. Denn letzteres lässt sich nicht zum Schweigen bringen. Es verlangt sein Recht. Dann werden professionelle Techniken eingesetzt, um die Umgebung und die Mitmenschen so zu manipulieren, dass der unersättliche Tiger des Verlangens gefüttert werden kann. Wo das nicht möglich ist, werden die Gefühle versteckt, und meistens vergisst man dann irgendwann, dass das innere Selbst mit dieser Arbeit nicht besonders glücklich ist.

Um die Trennung zwischen persönlichem und professionellem Selbst aufrechtzuerhalten, muss man einen enormen Preis zahlen. Manche Menschen bekommen gesundheitliche Probleme. Jeder kennt die Symptome von Stress. Niemand sollte daran zweifeln, dass Arbeit töten kann. Sie verlangt vom Körper ihren Tribut und lässt ihn schneller altern als nötig. Und dann ist es zu spät, um die Früchte all der harten Arbeit zu genießen.

Mehr noch als der Körper aber leiden Geist und Seele und unsere zwischenmenschlichen Beziehungen. Nicht nur geschäftliche Projekte benötigen Arbeit und Zeit, um sich zu entwickeln, sondern auch unsere Beziehungen. Oft hat man sich so daran gewöhnt, die eigenen Gefühle zu unterdrücken, damit die Arbeit nicht von Emotionen beeinträchtigt wird, dass man in Zeiten einer persönlichen Krise – einem Todesfall, einer drohenden Scheidung oder einem Kind, das Probleme hat – kaum noch weiß, wie man sich verhalten soll. Manchmal hat man sich so weit von seinem wahren Selbst entfernt, dass man annimmt, Probleme beträfen einen gar nicht selbst, sondern nur die anderen. Ehepartner,

Kinder oder Freunde werden so auf Distanz gehalten, dass man gar nicht mehr weiß, was man verloren hat. Man investiert so viel Mühe und Ehrgeiz in die Entwicklung der Karriere, dass die eigene emotionale und spirituelle Entwicklung verkümmert. Manager mögen sich in ihrem Bereich zu Giganten entwickeln, doch tief in ihrem Inneren bleiben viele von ihnen emotionale und spirituelle Kinder.

Ist das nun die einzige Wahl, die uns bleibt? Wenn wir den Blick über die Grenzen der konventionellen Geschäftswelt hinaus schweifen lassen, entdecken wir einige der glücklichsten und effizientesten Manager unserer Zeit, die von manchen geradezu als »Heilige« bezeichnet werden. Zwei dieser Persönlichkeiten erfreuen sich besonderer Bekanntheit: der Dalai Lama und die verstorbene Mutter Theresa. Diese beiden herausragenden Persönlichkeiten haben bzw. hatten in sehr starkem Ausmaß die Aufgaben vieler Teams zu koordinieren; und beide erhielten den Friedensnobelpreis für ihre Erfolge, die sie bei der Arbeit mit anderen erreicht haben. Man bekommt keinen Friedensnobelpreis, wenn man nicht mit anderen zurechtkommt oder keine guten Ergebnisse produziert. Aber noch wichtiger ist, dass beide ganz offensichtlich auch persönliches Glück gefunden haben und dieses Glück an alle, die in ihre Nähe kamen, weitergeben konnten. Das Wirken des Dalai Lama setzt sich auch heute noch in dieser Weise fort.

Damit soll nicht behauptet werden, man müsse erst ein Heiliger werden, bevor man ein erfolgreicher Manager sein kann; noch muss man Einstellung oder Beförderung von Mitarbeitern auf der Grundlage ihrer persönlichen »Heiligkeit« vornehmen. Jedoch können wir von diesen Vorbildern allerhand über effektives Management lernen.

Auf der Suche nach Lösungen

Nun ist es nicht so, als ob sich Manager nicht alle Mühe geben würden. Ganz im Gegenteil. Bücher über die richtige Unternehmensführung scheinen in ihrer Beliebtheit nur noch von Kochbüchern übertroffen zu werden. Fachliteratur und Seminare sind wohl eine Zeit lang sogar hilfreich. Man wird inspiriert und setzt sich neue Ziele: Die Manager gehen hinaus zu ihren Mitarbeitern; sie kommunizieren; sie übertragen ihren Mitarbeitern mehr Verantwortung; sie bilden Teams; sie streben nach besonderen Leistungen; all dies soll innerhalb kürzester Zeit verwirklicht werden. Und natürlich arbeiten sie alle mit ihren Timer-Systemen, damit nichts vergessen wird.

So geht das eine Weile. Doch dann lassen Energie und Freude allmählich wieder nach. In der einen oder anderen Weise gleiten die Manager in ihre alten Gewohnheiten zurück, und – was das Schlimmste ist – sie verlieren auch wieder ihren inneren Frieden. Der Riss zwischen dem anerzogenen professionellen Selbst und dem untrainierten persönlichen Selbst ist nicht zu schließen. Hier liegt der Grund, warum alle Bemühungen zur »Selbst-Verbesserung« nur kurzen und oberflächlichen Erfolg zeitigen. Der Versuch scheint nur unsere Wahrnehmung dieses Risses zu verstärken. Wir haben nichts erreicht.

Solange unsere emotionalen und spirituellen Bedürfnisse nicht wirklich anerkannt werden und die Trennung zwischen den beiden Teilen des Selbst unversöhnt bleibt, können noch so viele Kurse zur »Selbst-Verbesserung« nicht wirklich glücklich machen. Ungezähmte Emotionen und Bedürfnisse werden weiterhin wüten und zu Unzufriedenheit und Frustration beitragen. Ohne innere Harmonie kann es unmöglich eine äußere Harmonie geben, und unsere Arbeit wird weiterhin von Auseinandersetzungen und Ineffizienz bestimmt.

Diese Erkenntnisse bedeuten nun nicht, dass wir alles, was wir über effektives Management gelernt haben, über Bord werfen sollen. Wenn eine Managerin, also eine Frau, die in ihrem Arbeitsumfeld Verantwortung trägt, bei jeder Gelegenheit sagt, was sie gerade empfindet, sie nur dann arbeitet, wenn es ihr gerade passt, und nur mit den Kollegen, die sie mag, während sie die ihr unsympathischen Mitarbeiter einfach entlässt, dann wäre diese Frau ihren Job sehr schnell los.

Mit viel Zeit und Energie haben es die meisten gelernt, sich an die Abspaltung ihrer professionellen Persönlichkeit von ihrem inneren Selbst zu gewöhnen, das nach wie vor geliebt werden möchte und seine eigenen Vorstellungen durchsetzen will. Manche Menschen vergessen sogar, dass überhaupt eine Spaltung stattgefunden hat. Es gibt jedoch eine wesentlich bessere Lösung als dieses Verdrängen. Wenn man diese Spaltung wirklich verstehen und überwinden möchte, können die daraus resultierenden Spannungen aufgelöst oder zumindest deutlich reduziert werden. Dies wiederum fördert die eigene Effektivität erheblich. Darum geht es in diesem Buch. Wir wollen Sie nicht auffordern, Ihre Augen zu schließen und an etwas zu glauben, noch wollen wir eine Anleitung geben, wie man bestimmte Dinge *tut*, sondern wir möchten zeigen, wie man *sein* kann. Unser Buch demonstriert die Grundstrukturen eines spirituellen Prozesses, der zu gesteigerter Wachheit und Erfüllung führt; eines Prozesses, der Herz und Geist miteinander verbindet. Der Schlüssel zu dieser Entwicklung liegt darin, den Prozess tatsächlich mitzumachen. Nicht die Worte sind wichtig, sondern die Integration ihrer Bedeutung in das eigene Leben. Die beste und vielleicht einzige Art und Weise, um den Sinn der Erklärungen in das eigene Leben zu integrieren, besteht in der aufrichtigen Teilnahme an diesem Prozess.

Eine Anekdote

Vor etwa zehn Jahren hörte ich zusammen mit vielen anderen den Vortrag des berühmten tibetisch-buddhistischen Meditationsmeisters Jamgon Kongtrul Rinpoche. Es war ein wunderbar frischer, sonniger Tag, und Hunderte von uns hatten sich »mit dem Wunsch nach Weisheit« auf einem Rasen versammelt. Neben mir stand ein Mann auf und stellte die folgende Frage: »Rinpoche«, sagte er etwas herausfordernd, »ich kann mir vorstellen, dass das, was Sie sagen, für Tibeter und andere Menschen aus dem Osten passt. Doch ich finde, dass es nicht sehr viel mit uns hier im Westen zu tun hat. Wäre es hier nicht sinnvoller, wenn jeder seinen eigenen persönlichen Weg zum Glück fände, statt Ihren Vorschlägen zu folgen? Können wir nicht einfach einige Dinge aus Ihrer Tradition übernehmen und ansonsten unserem eigenen Weg folgen?«

Der Lehrer lächelte und antwortete in seinem indisch gefärbten Englisch. »Wie alt sind Sie?« fragte er. »Mitte dreißig.« »Sehr gut«, fuhr der Lehrer fort und lächelte immer noch. »Versuchen Sie schon lange, Ihren eigenen Weg zu finden? Ja? Sagen Sie mir, sind Sie damit bisher gut vorangekommen?« Der Mann sagte nichts und wurde rot. Im übrigen Publikum kicherte man verständnisvoll. »Also, was würde es schaden, wenn Sie es eine Zeit lang auf meine Weise versuchen würden, um zu sehen, was passiert?«

Viele Menschen verhalten sich heute wie dieser Mann aus dem Publikum. Sie versuchen es schon sehr lange auf ihre eigene Art und Weise. Sie haben jedes Managementbuch gelesen. Sie haben jede Kassette mit Tips zur »Selbst-Verbesserung« gehört. Sie haben es mit Gymnastik versucht, und sie nehmen Vitamine. Und wie dieser Mann aus dem Publikum, sind sie damit nicht sehr weit gekommen – zumindest, was die Frage des Glücklichseins angeht. Vielleicht haben sie Erfolg (vermutlich nicht in dem Maße, wie sie es gerne hätten), aber in Wirklichkeit sind sie nicht viel glücklicher als vor zwanzig Jahren, als sie ihre Karriere begannen.

Die Überwindung der Spaltung

Es scheint bei uns die unausgesprochene Vorannahme zu geben, dass ein Laie, gleich welcher religiösen oder spirituellen Orientierung, niemals jenen Grad von moralischer Vollkommenheit erreichen kann wie jemand, der den Weg eines Mönchs oder einer Nonne mit den entsprechenden Regeln und Gelübden gewählt hat. Mit einer 50-Stunden-Woche sei einfach kein wahrhaft spirituelles Leben zu führen, glaubt man. Die Arbeit bewirke ihrer Natur nach eine Eintrübung der Spiritualität. Derartige Annahmen werden durch das Beispiel bestimmter religiöser Führungspersönlichkeiten bestärkt, die sich mit etwas zu viel Ehrgeiz in der Welt der Geschäfte und des materiellen Gewinns bewegt haben und dabei vom Weg abgekommen sind. Aber das muss nicht so sein. Ein spirituelles Leben verlangt nicht, dass man Kleidung und Lebensform wechselt und der materiellen Welt entsagt. Glück und Spiritualität haben nichts mit Mönchsgewand und Priesterkragen zu tun. Ob der »Job« eines Menschen darin besteht, für den Weltfrieden zu beten oder die Montagekette für ein neues Automodell zu entwerfen – es zählt, wer man innerlich ist, und nicht, welchen Weg man auf der Suche nach dem eigenen Glück und dem Glück seiner Mitmenschen gewählt hat.

Ein Dalai Lama arbeitet nicht, weil er muss; er arbeitet, weil er will. Es liegt ihm wirklich etwas an den Menschen, und er möchte ihnen helfen. Dies ist der natürliche Ausdruck seines harmonischen Verhältnisses zur Welt. Wir können genauso werden.

Verantwortung übernehmen

Mache alle Schuld zu einer einzigen.

Die Sieben Stufen des Geistestrainings

*Selbst eine Kuh schafft es, sich nur um sich selbst
zu kümmern.*

Akong Tulku Rinpoche

Die meisten von uns halten es für selbstverständlich,
dass Vorgesetzte Verantwortung übernehmen. Daran
sind Manager gewöhnt. Ehrgeizigere Menschen tun mehr, als
sich nur daran zu gewöhnen: Sie freuen sich über ihre Verantwortung. Verantwortung ist ein Kennzeichen für Erfolg; sie ist
der Weg, auf dem man vorankommt; sie bedeutet Macht.

Verantwortung kann viele Formen annehmen. Meistens geht
es für Menschen in verantwortungsvollen Positionen jedoch darum, sich um die Beschwerden anderer zu kümmern: Die Mitarbeiter sind unzufrieden mit dem neuen Vergütungssystem; Kollegen verstehen nicht, wieso ein anderer Teil des Projektes noch
nicht fertig ist; der Vorgesetzte sieht nicht ein, weshalb das Team
noch einen weiteren Mitarbeiter braucht. Der Job weitet sich aus
zu einem endlosen Kampf, in dem es vor allem darum geht, andere zufrieden zu stellen.

Jede Beschwerde weist implizit oder explizit auf eine gewisse
Unzufriedenheit hin. Wenn sich jemand beschwert, möchte er
oder sie, dass etwas anders wird, als es gegenwärtig ist. Jemand ist
unglücklich oder unzufrieden mit bestimmten Umständen oder

Ereignissen. Der tibetische Meditationsmeister Chögyam Trungpa Rinpoche nannte Beschwerden einmal »das Quietschen des Ego, dem man auf die Zehen getreten hat«. In einer Beschwerde verbindet sich ein inneres Gefühl der Unzufriedenheit mit einer äußeren Situation. Dahinter steckt die Annahme: Wenn sich die äußere Situation verbessert, lässt auch die Unzufriedenheit nach.

Wenn Mitarbeiter also mit ihren Beschwerden zu ihrem Vorgesetzten gehen, wird dieser damit verantwortlich für ihre Zufriedenheit. Er oder sie übernimmt die Verantwortung dafür, Beschwerden in glücklich machende Lösungen zu verwandeln. Sein oder ihr Erfolg wird daran gemessen, wie gut das gelingt. Gute Vorgesetzte können natürlich mehr, als bloß auf Beschwerden zu reagieren. Sie entwickeln ein Gespür für drohende Gefahren und lernen, wie man sie vorausschauend beseitigt, bevor daraus echte Probleme entstehen. Managementbücher und Management-Seminare vermitteln die verschiedensten Techniken, wie mit Beschwerden am besten umzugehen ist, sie schon im Vorfeld vermieden oder sogar zum eigenen Nutzen verwendet werden können. Aus derartigen Techniken und eigenen Erfahrungen entwickelt jede Managerin oder jeder Manager eigene Formen für die Lösung von Beschwerden. Sie werden zu einem weiteren Teil der künstlich aufgebauten Persönlichkeit, die wir in diesem Buch zumeist als professionelles Selbst oder Business-Persönlichkeit bezeichnen.

In mehr oder weniger geschickter Form beschweren sich die meisten Menschen über irgendetwas. Dabei können die Beschwerden so geschickt getarnt sein, dass andere nichts von der persönlichen Unzufriedenheit merken. Doch die Unzufriedenheit bleibt. Tief im Innern, ob man es ausspricht oder nicht, führt man eine Liste all der Beschwerden und Ursachen, die uns davon abhalten, glücklich und/oder erfolgreich zu sein. »Wenn mich nur die Rezession nicht daran gehindert hätte, meine eigene Firma aufzumachen.« – »Wenn ich nur einen anderen Chef hätte!« – »Wenn ich nur nicht für meinen Lebensunterhalt arbeiten müsste.«

Aber weshalb beschweren sich Menschen überhaupt? Die meisten würden antworten, dass es Ereignisse oder Personen gibt, die dem eigenen Glück oder Erfolg im Wege stehen. Und diese äußeren Kräfte hinderten sie daran, glücklich zu sein. Nun könnte es aber sein, dass sie dieses innere Gefühl der Unzufriedenheit fälschlicherweise mit einer äußeren Situation in Verbindung bringen. Es kann sein, dass die Annahme nicht stimmt, die innere Unzufriedenheit würde verschwinden, wenn man die äußere Situation verändert.

In manchen Situationen mag dies kurzfristig möglich sein. Doch die umfassendere Wahrheit ist, dass Beschwerden überhaupt nichts mit Unzufriedenheit zu tun haben. Genauer betrachtet, führt unsere Unzufriedenheit ein eigenes Leben. Beschwerden bzw. ihre Anlässe sind nur ein Symptom, sie sind nicht die Ursache des Unglücks; und die Zufriedenheit, die aus der Erledigung von Beschwerden folgt, hält nur kurze Zeit an. Sie ist nicht wirklich dauerhaft. Beinahe sofort findet man ein neues Hindernis, eine neue Person, die man für die eigene Unzufriedenheit verantwortlich machen kann.

Viele Menschen, speziell im Westen, können nur schwer akzeptieren, dass eine Beschwerde in keinerlei Verbindung zum Objekt der Beschwerde steht. Im Osten ist das anders. In vielen asiatischen Kulturen ist man gewohnt, in Begriffen von Karma und Wiedergeburt zu denken. Was einem in diesem Leben widerfährt, ist kein Ergebnis von Zufällen, sondern die Folge guter und schlechter Taten in diesem und den vorangegangenen Leben. Günstiges und ungünstiges Schicksal sind Ergebnis der eigenen Handlungen. Wenn man jemandem die Schuld geben will, dann nur sich selbst.

Allerdings ist die Übernahme von Verantwortung etwas anderes, als sich oder anderen die Schuld für etwas zu geben. Verantwortung hat weniger damit zu tun, Beschwerden nachzugehen, als vielmehr damit, sich ernsthaft darum zu bemühen, die zugrunde liegenden Ursachen der Beschwerde zu beseitigen. So lange das Bedürfnis bestehen bleibt, sich zu beschweren – ob man damit nun geschickt umgeht oder nicht –, kann man keine dauerhafte Zufriedenheit erreichen. Und so lange man die Aufhebung innerer Unzufriedenheit weiterhin gleichsetzt mit der Beseitigung äußerer Anlässe, kann jedes Glück nur kurzzeitig sein.

Es ist jedoch nicht leicht zu verstehen, wie wir unsere Einstellung in Bezug auf das Beschweren verändern können, und es ist nicht einfach, diese Einstellung dann auch tatsächlich zu verändern. Verantwortung zu übernehmen bedeutet, wirklich zu verstehen, dass es nichts gibt, worüber man sich beschweren könnte, und dass da niemand ist, dem man die Schuld geben könnte – nicht einmal sich selbst. Es bedeutet, die Verantwortung für das eigene Glück zu übernehmen, unabhängig von äußeren Situationen und Ereignissen. Es bedeutet, die Verantwortung dafür zu übernehmen, wer man ist und wohin man sich entwickelt. Keine Beschwerden, keine Gründe für Beschwerden.

Warum sollten wir uns denn nicht beschweren?

Die folgende Geschichte gehört zum Repertoire der meisten buddhistischen Meditationslehrer. Sie soll zeigen, weshalb das Beschweren eine so negative Eigenschaft ist.

Stellen Sie sich bitte vor, sie stünden mitten auf einer breiten Straße. So weit Sie sehen können, ist der Boden mit scharfkantigen Steinen übersät. Unglücklicherweise führt diese Straße zu dem Ziel, das Sie erreichen müssen. Und was noch unangenehmer ist: Sie sind barfuß. Es scheint, als hätten Sie zwei Möglichkeiten. Sie können die ganze Straße mit Leder überziehen, um Ihre nackten Füße zu schützen, oder Sie machen sich aus bedeutend weniger Leder ein Paar Schuhe und kümmern sich nicht weiter um die Steine auf der Straße.

Heute geht es vielen Menschen wie der Person, die da auf der Straße steht. Sie sind mit ihrer Lage unzufrieden, und überall scheint die Welt mit scharfkantigen Steinen und Glasscherben bedeckt zu sein. Hier gibt es ein Problem – und Sie haben die Wahl. Entweder beteiligen Sie sich am Projekt »Lederstraße« und versuchen, die ganze Welt in eine schützende Hülle zu verpacken, oder Sie starten das Projekt »Lederschuhe« und machen sich ein schönes Paar Laufschuhe. Wer die zweite Option wählt, entscheidet sich dafür, sich selbst zu ändern und nicht die Welt.

Die meisten Menschen entscheiden sich für das Projekt »Lederstraße«. Sie wollen lieber ihre gesamte Umgebung verändern als sich selbst. Viele stecken, solange sie denken können, in diesem Projekt. Möglicherweise sind sie inzwischen sogar schon zu recht effizienten Managern für dieses Projekt »Lederstraße« geworden. Leider fällt es ihnen schwer, das Projekt zu beenden oder auch nur vorherzusagen, wann es erledigt sein wird. Immer wenn sie glauben, sie stünden kurz vor der Vollendung, macht die Straße eine Biegung, und sie entdecken noch mehr Steine und Glasscherben.

Im Gegensatz dazu geht es den Leuten, die sich für das Projekt »Lederschuhe« entschieden haben, recht gut. Es ist ihnen egal, ob die Steine scharfe Kanten haben. Es ist ihnen egal, wie viele Scherben noch vor ihnen liegen. Sie haben nichts, worüber sie sich beschweren würden. Sie tragen wunderbare Laufschuhe und tanzen auf der Straße.

Sie sehen, was man aus dieser kleinen Geschichte lernen kann. Da es auf der Welt jede Menge scharfkantiger Steine und Glasscherben gibt – und alle Anzeichen sprechen dafür, dass dieser Zustand anhält –, sollte man sich ernsthaft überlegen, ob man sich nicht am Projekt »Lederschuhe« beteiligen will.

Der Ausstieg
aus dem »Lederstraßen«-Projekt

Wie bei allen schlechten Projekten kommt man auch aus dem
»Lederstraßen«-Projekt nur schwer heraus. Man muss hart daran
arbeiten. Die Angewohnheit, sich zu beschweren und anderen
die Schuld zu geben, kann sehr stark sein; vermutlich begleitet
sie uns schon seit unserer Kindheit. Man ändert sie nicht innerhalb eines Tages oder einer Woche. Der Ausstieg fängt an, wenn
wir akzeptieren, dass die Welt – und insbesondere unsere Kolleginnen und Kollegen – nicht für unser persönliches Glück verantwortlich sind. Nicht sie müssen sich ändern.

Auf den ersten Blick scheint das keine große Sache zu sein.
Man muss es einfach akzeptieren. Aber in Wirklichkeit verändert
es grundlegend die Art und Weise, wie wir die Welt betrachten
und uns zu anderen in Beziehung setzen. Statt unser eigenes Leben, andere Menschen und Ereignisse als Objekte der Ausbeu-
tung zu betrachten, die nur unserem Glück dienen, wird es Zeit
anzuerkennen, dass die Welt unseren inneren Zustand eher
reflektiert als determiniert. Das wichtigste Element bei dieser
Veränderung ist Ihre Beziehung zu anderen Menschen. Jeder
möchte glücklich sein; und wir alle sind in der gleichen Lage.
Ereignisse vollziehen sich als gemeinsame Erfahrung unseres Be-
dürfnisses nach Glück. Die Übernahme von Verantwortung be-
zieht sich daher nicht nur auf die Verantwortung für das eigene
Glück, sondern auch darauf, dem Glück der anderen nicht im
Wege zu stehen.

Von Vorgesetzten erwartet man, dass sie ihre Mitarbeiterinnen
und Mitarbeiter dazu bringen, gemeinsam zum Nutzen des Unternehmens, das ihre Gehälter zahlt, zu arbeiten. Es wird einfach
unterstellt, schon das allein würde alle glücklich machen. Doch
dieses Ziel wird nur selten erreicht und, schlimmer noch, nur
selten ernst genommen. Wenn man also Verantwortung übernimmt, bedeutet das nicht nur, dass man selbst aus dem Projekt

»Lederstraße« aussteigt, sondern es bedeutet auch, dafür zu sorgen, dass andere die gleiche Chance bekommen. Der Schlüssel zu einer Arbeit, die Sinn, Freude und Erfolg bringt, besteht darin, sich gegenseitig zu helfen.

Eine so fundamental neue Sichtweise entwickelt man nicht einfach dadurch, dass man sagt: »Ich akzeptiere sie«, und dann glaubt, das wäre es. Es geht auch nicht darum, neue Verhaltensmuster zu lernen. Es geht um etwas viel Einfacheres und viel Tieferes. Wenn man die Verantwortung für das eigene Glück übernimmt, macht man den ersten Schritt hin zu einer von Mitgefühl geprägten Arbeit mit anderen. Sie nehmen ihren Mitmenschen eine große Last ab, wenn Sie sie von dem Zwang befreien, Sie glücklich machen zu müssen. Wenn man seine Arbeit nicht so sehr unter dem Gesichtspunkt betrachtet, was man zu gewinnen oder zu verlieren hat, sondern eher aus der Perspektive, welche Erfahrungen zum gegenseitigen Nutzen gemacht werden können, dann entstehen Gelegenheiten für alle, das eigene Glück zu finden.

Glückliche Ergebnisse

Auf diesem Weg gibt es viel zu gewinnen. Vorwürfe und Schuldzuweisungen verzerren die eigene Urteilskraft und die der Menschen, mit denen wir arbeiten. Außerdem kosten sie viel Energie. Wenn wir auf Beschwerden und Vorwürfe verzichten, können wir unsere Aufmerksamkeit stärker auf die Aktivitäten lenken, die für alle Beteiligten den größten Nutzen bringen. Statt immer nur das Rad zu ölen, das am lautesten quietscht, kümmert man sich nun um die Räder, die das Öl *wirklich* brauchen.

Mit dieser neuen Form von Verantwortung können wir auch auf die Beschwerden besser eingehen. Wir können hinter das vordergründige »Thema« blicken und prüfen, ob es nicht um eine viel umfassendere Unzufriedenheit geht. Sie werden wacher für die wirklichen Bedürfnisse Ihrer Kolleginnen und Kollegen und können sich ihnen direkt zuwenden. Dadurch wird sich eine grundlegende Veränderung im Verhältnis zu Ihrer Arbeit und Ihren Kollegen ergeben. Beschwerden und Schuldzuweisungen nehmen ab, und Ihre Aufmerksamkeit richtet sich nach außen auf die Bedürfnisse der Firma oder Organisation, für die Sie arbeiten. Aus der Rolle eines Menschen, dem man zu Diensten sein muss, schlüpfen Sie nun in die Rolle desjenigen, der anderen Dienste erweist.

Für manche mag dies wie eine Aufforderung klingen, auf das eigene Glück zu verzichten, damit alle anderen glücklich werden. Mit Nachdruck sei betont: Das ist nicht der Fall. Diese neue Form der Verantwortung ist nicht gleichzusetzen mit dem passiven Akzeptieren dessen, was gerade auf Sie zukommt, noch muss sich irgendjemand zwischen dem eigenen Glück und dem Glück der anderen entscheiden. Ganz im Gegenteil. Wenn man für sein eigenes Glück Verantwortung übernimmt, legt man ein Stück seiner Passivität ab. Sie warten nicht mehr darauf, dass die anderen Sie glücklich machen. Das Leben wird freier, wenn man die selbstgebastelten Entschuldigungen für sein Unglück fallenlässt. Wenn man Gelegenheiten schafft, damit andere glücklich sein können, führt das auch noch in einer anderen Weise zur Steigerung des eigenen Wohlbefindens: Zufriedene Mitarbeiter und Mitarbeiterinnen erzeugen ihrerseits ein Arbeitsumfeld, in dem es auch für Sie leichter wird, glücklich zu sein. Es ist ein positiver Kreislauf.

Was wir hier sagen, mag vielen fremd und recht theoretisch vorkommen. Wie bei jedem neuen Vorhaben ist es nützlich, auf die Erfahrungen und Hinweise derjenigen zu hören, die bereits geschafft haben, was Sie gerade in Angriff nehmen wollen.

Die Übungen, die Rinpoche für den zweiten Teil des Buches vorbereitet hat, sollen Sie bei diesem Transformationsprozess unterstützen. Bei der Arbeit mit den Übungen sollten Sie sich stets die erste Grundannahme vor Augen halten: Sie selbst sind für Ihr

Glück verantwortlich. Die zweite Grundannahme lautet: Eigenes Glück ist nur dann möglich, wenn dem Glück der anderen der gleiche Wert beigemessen wird.

Berücksichtigen Sie bei diesen Übungen auch den wiederholten Hinweis Rinpoches, dass es entscheidend darauf ankommt, wie wir uns im Alltag verhalten. Neben dem Akzeptieren der Verantwortung geht es auch darum, dass wir uns von alten Gewohnheiten befreien. Sie selbst müssen Gelegenheiten schaffen, damit Sie die Welt mit neuen Augen betrachten können, unbelastet von den bequemen Standards konventioneller Vorstellungen vom Glücklichsein. Sie müssen die Spaltung zwischen Ihrem professionellen und Ihrem inneren Selbst heilen und versöhnen.

Die Schulung
der Aufmerksamkeit

Wende die Medizin stets an.

<small>DIE SIEBEN STUFEN DES GEISTESTRAININGS</small>

Das Problematische am Leben ist,
dass man so wenig Zeit zum Üben hat.

<small>ZIGGY</small> (eine Comicfigur)

Hand in Hand mit der Akzeptanz von Verantwortung geht die Notwendigkeit einher, die Aufmerksamkeit zu schulen. Beides steht in einer Beziehung, die der zwischen Papier und Stift gleicht. Aus einem Blatt Papier allein kann man vielleicht ein Papierflugzeug oder einen Origami-Kranich falten, doch zusammen mit einem Stift entstehen sofort ganz neue Möglichkeiten.

Die meisten Menschen sind vermutlich davon überzeugt, dass sie die Bedeutung des Wortes »Aufmerksamkeit« kennen. Sie verbinden damit das Bild einer Person, die kerzengerade dasitzt, die Ohren spitzt und auf alles achtet, was gerade passiert. Unsere Definition von »Aufmerksamkeit« geht in diese Richtung, ist aber einfacher. »Aufmerksam sein« heißt im gegenwärtigen Augenblick leben. Man nimmt Ereignisse bewusst wahr in dem Moment, in dem sie geschehen. Nichts weiter. Eigentlich ist »nichts weiter« sogar die Essenz der ganzen Sache.

Die meisten Menschen sind während ziemlich langer Phasen

31

des Tages alles andere als aufmerksam. Statt die Gegenwart zu erleben, erinnern sie sich an die Vergangenheit oder malen die Zukunft aus. Die Ereignisse des Lebens werden nicht bewusst in der Gegenwart, sondern eher als Erinnerungen erlebt. Während der Ereignisse selbst sind wir im Geiste oft mit Tagträumen oder Befürchtungen beschäftigt, statt uns einfach auf das zu konzentrieren, was hier und jetzt passiert. Unsere Aufmerksamkeit wird von Hoffnungen auf die Zukunft und Ängsten aus der Vergangenheit überlagert, so dass wir die Gegenwart kaum objektiv erleben.

Eine einfache Übung soll diesen Punkt veranschaulichen. Unterbrechen Sie für einen Moment die Lektüre dieses Buches, und blicken Sie auf. Finden Sie ein neutrales Objekt: eine Kaffeetasse, ein Bild oder eine Pflanze. Richten Sie Ihre Aufmerksamkeit auf dieses Objekt. Versuchen Sie nichts weiter, als dieses Objekts bewusst wahrzunehmen. Achten Sie nun darauf, wie lange es dauert, bis Ihr Bewusstsein abschweift und Sie an etwas anderes denken. Sobald Ihnen auffällt, dass Ihre Gedanken »woanders« sind, richten Sie Ihre Aufmerksamkeit wieder zurück auf das gewählte Objekt. Wiederholen Sie dies einige Male, bis Sie ein Gefühl für die Angewohnheit Ihres Geistes bekommen, in die Vergangenheit oder die Zukunft abzudriften. In diesem Zustand verbringen wir den größten Teil unseres Lebens.

Statt in der Gegenwart zu leben, erledigen wir die meisten Dinge gewohnheitsmäßig. Wir stehen morgens auf, duschen und putzen die Zähne. Darüber denken wir nicht viel nach, sondern tun es einfach. Der Rest des Tages vergeht in etwa der gleichen Weise. Das Ergebnis ist ein gewisser Grauschleier über dem ganzen Leben. Das Leben wird nicht wirklich gelebt, sondern wir machen irgendwie mit, und in vagen Träumen erinnern wir uns an das, was geschehen ist. Nur in den kurzen Momenten intensiver Emotionen – Liebe, Hass, Wut, Erregung – wacht der Geist auf.

Die Gewohnheiten durchbrechen

Viele Gewohnheiten tragen zum Grauschleier über dem Leben bei. Eine der stärksten ist natürlich das Projekt »Lederstraße«. Viele Menschen sind mit diesem Projekt schon so lange beschäftigt, dass es ihnen gar nicht mehr auffällt. Sie sind so damit beschäftigt, dass sie an nichts anderes mehr denken können. Daher entsteht ein Problem, wenn die Zeit gekommen ist, das Projekt zu beenden. Die Gewohnheit muss durchbrochen werden. Und das verlangt Aufmerksamkeit für das, was wir wirklich tun.

Es gibt noch einen weiteren Grund, weshalb Aufmerksamkeit so wichtig ist. Vielen fällt es nicht leicht einzusehen, dass das Projekt »Lederstraße« eine schlechte Angewohnheit ist. Es sind nicht wenige Teile unseres Bewusstseins, die daran festhalten wollen. Wir haben schon so viel Lebensenergie investiert, dass wir nur sehr schwer akzeptieren können, all diese Zeit so unklug verschwendet zu haben.

Glaubenssysteme bilden sich auf verschiedene Arten. Im Allgemeinen lernen wir, etwas zu glauben oder für wahr zu halten, wenn die Annahme durch unsere eigenen Erfahrungen oder die Erfahrungen von jemandem, dem wir vertrauen, bestätigt wird. Kinder verstehen erst dann wirklich, dass der Backofen heiß ist, wenn sie seine Hitze gespürt oder sich sogar daran verbrannt haben. Werden sie älter, dann erweitern sie den Umfang ihrer Glaubenssysteme, indem sie die Erfahrungen von Menschen, denen sie vertrauen, einbeziehen. Es ist nicht nötig, von der Scheune zu springen, um zu glauben, dass die überwiegende Mehrheit der Menschen nicht fliegen kann. Man kann sich auf diesbezügliche Testergebnisse anderer Personen verlassen. Allerdings gibt es ein Problem, wenn nicht die richtigen Tests vorgenommen werden. Viele Menschen verlassen sich beispielsweise auf Testergebnisse, die darauf hindeuten, dass das Projekt »Lederstraße« ein gutes Projekt ist. Es ist, als ob sich alle miteinander verschworen hätten. Solange nicht die richtigen Tests durchgeführt werden, lässt sich nicht beweisen, ob ein Projekt besser ist als ein anderes. Und hier kommt die Aufmerksamkeit ins Spiel. Mit ihrer Hilfe beobachtet man direkt, was passiert, um daraus wirksame Entscheidungen abzuleiten. Die Aufmerksamkeit ermöglicht uns einen direkten Vergleich der beiden Projekte »Lederstraße« und »Lederschuhe«. Wir können die Qualität der beiden Projekte aus direkt gewonnenen Erkenntnissen miteinander vergleichen.

Bei jeder neuen Technik, die man erlernen möchte, beginnt man am besten ganz langsam und geht vom Einfachen erst allmählich, nachdem man sich mit dem Prozess vertraut gemacht hat, zu komplexeren Aktivitäten über. Dazu benutzt man vertraute Objekte. Das gleiche gilt für die Entwicklung unserer Aufmerksamkeit.

Jeder, der Verantwortung trägt, hat sich daran gewöhnt, ob freiwillig oder nicht, Zeitpläne und Aufgabenlisten zu führen. Sie gehören zu den gebräuchlichsten Werkzeugen. Man richtet seine Aufmerksamkeit auf Dinge, die getan werden müssen, trägt sie in eine Liste ein und streicht sie, nachdem sie erledigt sind, wieder durch. Für unsere Zwecke wollen wir diese bekannte Technik jedoch in ganz neuer Weise verwenden: Wir werden darauf achten, ab und zu überhaupt nichts zu tun.

Die Entwicklung von Aufmerksamkeit

Die Methoden des Zeitmanagements empfehlen, am Beginn oder Ende jedes Tages einige Minuten dafür zu reservieren, die vor einem liegende Zeit zu organisieren und mit Prioritäten zu versehen. Die Entwicklung von Aufmerksamkeit ist dem sehr ähnlich und gleichzeitig sehr verschieden davon. Wir beginnen den Tag nicht mit einer Liste der Dinge, die zu erledigen sind, sondern wir beginnen und beenden den Tag damit, dass wir eine Zeit lang absolut nichts tun. Dabei helfen uns die Übungen »Nichtstun I« und »Nichtstun II« auf den Seiten 135–137.

Es gibt für diese täglichen Zeiten der Reflexion keine bestimmte Form oder keine vorab festgelegten Themen. Vielleicht möchten Sie sich jedoch mit einem speziellen Thema beschäftigen, wie zum Beispiel einem Kapitel aus diesem Buch oder einem immer wiederkehrenden emotionalen Problem. Verwenden Sie die Sitzung am Abend, um dieses Thema mit den damit verbundenen Gefühlen und mentalen Aktivitäten zu erforschen. Dies ist Ihre Zeit. Jetzt tun Sie, was für Sie am Wichtigsten ist.

Nehmen wir zum Beispiel das vorige Kapitel. Sie könnten eine Reflexionsphase beginnen, indem Sie sich fragen: »Worüber beschwere ich mich? Gibt es bestimmte Gefühle, die mit meinen Sorgen in Verbindung stehen?« Selbst wenn Sie darauf zunächst mit *nein* antworten, sollten Sie genauer hinsehen, ob das wirklich wahr ist. Denken Sie auch über die Aktivitäten des abgelaufenen Tages nach, und untersuchen Sie eingehend, wie Ihre Beschwerden Ihre Beziehungen zu anderen Menschen und Ereignissen beeinträchtigt haben.

Hier ist keine tiefschürfende Seelenerforschung gefragt. Dieses Mal nicht. Die Reflexion sollte eher wie ein freundliches miteinander Bekanntmachen sein, eine Zeit, in der Sie so, wie Sie sind, mit sich selbst Freundschaft schließen. Anfangs kann Ihnen der Prozess etwas umständlich vorkommen, oder vielleicht fühlen Sie sich auch befangen. Doch im Laufe der Zeit werden Sie feststellen, wie alles natürlicher und müheloser wird. Während Sie wacher für Ihre emotionalen und geistigen Befindlichkeiten werden, fallen Ihnen immer selbstverständlicher diejenigen Themen auf, die für ihre Kontemplation besonders wichtig sind.

Wir möchten betonen, dass es keine richtige oder falsche Verwendung dieser Sitzungen gibt. Jeder Mensch macht seine eigenen Erfahrungen. Personen, die dazu neigen, ihre Gefühle zu unterdrücken, werden hier vielleicht eine stärkere Sensibilisierung erleben. Und umgekehrt: Wer sich sonst sehr schnell aufregt, erfährt vielleicht eine gewisse Beruhigung. Ganz wichtig bei allem ist ein Gefühl von entspannter Frische und Leichtigkeit. Der

Prozess sollte keine Belastung sein. Sie tun einfach nichts – rein gar nichts.

Vielleicht werden Sie bemerken, dass Sie nach Ihrer Sitzung am Morgen Ihre Aktivitäten viel besser nach Prioritäten ordnen und sich für die Aufgaben des Tages vorbereiten. Vergessen Sie dabei aber nicht Ihre noch frischen Reflexionen. Beobachten Sie, wie Ihre Gefühle Ihre Prioritäten beeinflussen. Prüfen Sie Ihre Aufgabenliste daraufhin, was wirklich wichtig ist. Beziehen sich die aufgelisteten Aufgaben nur auf bestimmte Beschwerden – Ihre eigenen oder die von anderen –, oder zielen sie wirklich auf das, was für alle das Beste ist? Unter Umständen ergibt sich eine leichte Verschiebung Ihrer Prioritäten.

Möglicherweise bietet Ihnen diese morgendliche Sitzung für den Rest des Tages die letzte Gelegenheit für ruhige Überlegungen, denn danach folgen die Aktivitäten Schlag auf Schlag. Also kommt es nun darauf an, dass Sie lernen, auch während der übrigen Zeiten des Tages aufmerksam zu bleiben, obwohl es keine Gelegenheit für stille Reflexionen gibt. Das setzt voraus, dass Sie mit Ihrem Bewusstsein zunehmend in der Gegenwart sind, während die Dinge geschehen. Sie haben gelernt, Ihre Aufmerksamkeit auf ein bestimmtes Objekt zu richten. Jetzt ist es Zeit, dass Sie Ihre Aufmerksamkeit auf das Leben selbst richten. Dies ist der Schlüssel zur Überwindung der grauen Einförmigkeit, die ansonsten unser Leben charakterisiert. Es ist Zeit aufzuwachen, wenn auch zunächst immer nur für einige kurze Augenblicke.

Diese Art von Aufmerksamkeit ist nichts, was uns ganz natürlich gelingt. Für eine Weile wird es von daher erforderlich sein, dass wir uns immer wieder daran erinnern. Nutzen Sie die beiden täglichen Reflexionsphasen als Ausgangspunkt. Anstatt sich sofort nach Beendigung der Phasen in hektische Aktivitäten zu stürzen, sollten Sie versuchen, die gerade entwickelte entspannte Aufmerksamkeit mit in Ihre nächsten Aufgaben hinüberzunehmen. Angenommen, Sie müssen zu einer Arbeitsbesprechung:

Versuchen Sie, Ihre Umgebung bewusst wahrzunehmen, während Sie auf dem Weg dorthin sind. Lassen Sie es zu, wenn sich Ihr Geist mit der Vorbereitung der Besprechung beschäftigt, aber bleiben Sie dabei geistig in der Balance. Auch wenn dann Ihre Gespräche beginnen, behalten Sie die Aufmerksamkeit bei – ganz so, als ob jemand leicht hinter Ihnen stünde und den ganzen Prozess beobachtete. In dem Maße, in dem sich Ihre Aufmerksamkeit entwickelt, entsteht dieses »Zwei-Personen-Sein« vermutlich auf ganz natürliche Weise.

Seien Sie nicht überrascht, wenn Ihnen dies zunächst überhaupt nicht gelingt. Wahrscheinlich bemerken Sie anfangs häufiger, dass wieder ein ganzer Tag vergangen ist, ohne dass Sie ein einziges Mal aufmerksam gewesen sind. Möglicherweise fällt Ihnen erst am Abend, wenn Sie sich zu Ihrer regelmäßigen Reflexionsphase hinsetzen, auf, dass Sie sich vorgenommen hatten, Aufmerksamkeit zu entwickeln. Hier haben Sie die Chance, Kreativität zu zeigen. Jeder muss seine eigene Methode finden, um sich daran zu erinnern, die Aufmerksamkeit auch während des Tages zu schulen. Es gibt dazu zahllose Möglichkeiten. Klassische buddhistische Texte sprechen von vier alltäglichen Situationen, in denen wir die Aufmerksamkeit sehr gut schulen können: beim Aufstehen, beim Essen, beim Zu-Bett-Gehen und beim Aufwachen. Entwickeln Sie Ihren eigenen Ansatz. Wenn Sie mit einem Zeitplan-System arbeiten, können Sie beispielsweise folgende Eintragung machen: »12.00 Uhr: Aufmerksamkeit«. Jedesmal, wenn Sie diese Notiz sehen, ob es mittag ist oder nicht, nehmen Sie sich einen Moment Zeit. Sie können aus dem Fenster schauen und einen tiefen Atemzug machen. Sammeln Sie sich, indem Sie sich vielleicht kurz die Gedanken und Gefühle der morgendlichen Kontemplation vergegenwärtigen. Versuchen Sie für einen kurzen Moment, absolut nichts zu tun. Fahren Sie dann mit Ihrer jeweiligen Beschäftigung fort und versuchen Sie dabei, Ihre Aufmerksamkeit beizubehalten. Falls es die Umstände erlauben und es für Sie oder Ihre Kollegen nicht zu irritierend wird, können Sie auch eine Uhr stellen, die Sie alle halbe Stunde oder Stunde mit einem Summton »weckt«. Sie hören das Summen und kehren zurück zur Aufmerksamkeit. Sie können auch bestimmte Aktivitäten als Auslöser nehmen. Einkaufen und Schlangestehen sind zum Beispiel perfekte Gelegenheiten für die Entwicklung von Aufmerksamkeit. Anstatt die Reklameschilder zu lesen, stehen Sie einfach da und tun nichts, rein gar nichts. Trainieren Sie, dass Sie sich jedesmal, wenn Sie einen anderen Raum oder ein Gebäude betreten, an Ihre Aufmerksamkeit erinnern und beobachten, wie lange sie anhält. Benutzen Sie Ihre Phantasie. Seien Sie kreativ.

Man kann davon ausgehen, dass die Entwicklung der Kunst der Aufmerksamkeit sehr sprunghaft vonstatten geht: Zunächst erinnern Sie sich daran, in die Gegenwart zurückzukehren; dann sind Sie sich einige Augenblicke lang der Ereignisse bewusst, die gerade geschehen; im Sturm der darauf folgenden Aktivitäten verlieren Sie Ihre Aufmerksamkeit wieder, bis Sie – möglicherweise viel später – von irgendetwas erneut geweckt werden. Die meiste Zeit über werden Sie schlafen, doch hin und wieder wachen Sie auf, wenn auch nur für einige Augenblicke.

Im Verlauf der Übungen aus dem zweiten Teil dieses Buches und bei fortgesetzter Übung des »Aufwachens« wird bei Ihnen möglicherweise das Gefühl einer »Spaltung« entstehen. Es ist so, als würden Sie einen halben Schritt hinter sich stehen und Ihre eigenen Handlungen beobachten. Möglicherweise ist dies auch mit dem Gefühl verbunden, irgendwie zu träumen oder zu schweben. Es ist nichts, worüber Sie sich Sorgen machen oder freuen sollten. Vielmehr ist es eine Bestätigung der Wirksamkeit dieses Prozesses der Aufmerksamkeit. Wenn so etwas geschieht, greifen Sie nicht danach und erschrecken Sie auch nicht! Lassen Sie es einfach geschehen.

Auch die Aufmerksamkeit selbst kann allmählich eine andere Qualität gewinnen. Vor allem am Anfang scheint es unmöglich, in der »Hitze des Gefechts« Aufmerksamkeit zu entwickeln. Alles geschieht einfach zu schnell, um irgendeine Art von entspannter Reflexion zu entwickeln. Erst später, wenn Sie nach einem besonders schwierigen Gespräch mit einem Mitarbeiter oder Vorgesetzten wieder im Büro sitzen, kommen Sie vielleicht dazu, darüber nachzudenken, was gerade passiert ist. Vielleicht entdecken Sie jetzt auch die Gefühle, die als Reaktion auf die vorangegangenen Ereignisse auftreten. Solche teilweise oder unvollständige Aufmerksamkeit kann uns später nützen, wenn wir beginnen, mit der wahren Natur unserer emotionalen und mentalen Konstruktionen zu arbeiten. Für jetzt genügt es, wenn Sie die Zeit der Reflexion nutzen, um herauszufinden, wie Sie aus dem Durcheinander herausfinden, das durch Ihre Unaufmerksamkeit entstanden ist.

Der Tanz auf den Eierschalen

Hier ist ein warnender Hinweis angebracht. Zunächst verwechseln viele Menschen den Prozess der Aufmerksamkeit mit einem mentalen Konstrukt, das gelegentlich als »Tanz auf den Eierschalen« beschrieben wird. Damit ist gemeint, ein vorgefasstes Konzept davon zu haben, was ein richtiges Verhalten ist, und sich dann zu entsprechendem Benehmen zu zwingen. Das Ergebnis mag technisch »korrekt« sein, wirkt dennoch unvermeidlicherweise gespreizt oder künstlich. Was man an »korrektem Verhalten« (was auch immer das ist) gewinnt, verliert man an Spontaneität, Natürlichkeit und vor allem an menschlicher Wärme. Es ist nicht leicht, jemanden zu mögen, der auf Eierschalen geht. Irgendwie wirkt eine solche Person nicht vertrauenswürdig. Hierbei handelt es sich um einen antrainierten Managementstil. Er trägt vor allem dazu bei, dass die Spaltung zwischen professionellem und persönlichem Selbst überhaupt entstehen kann. Das ist also nicht gemeint, wenn wir von Aufmerksamkeit sprechen.

Aufmerksamkeit hat überhaupt nichts mit vorgefassten Urteilen darüber zu tun, wie sich Menschen verhalten sollten. Sie hat auch nichts mit Schutz oder Manipulation zu tun. Selbstverständlich bietet Aufmerksamkeit die Chance, dass wir unser Verhalten in einer bestimmten Situation bewusst wählen, anstatt nur gewohnheitsmäßig zu reagieren. Doch diese Wahl geschieht mit leichter Hand, während sich die Ereignisse entfalten. Außerdem sorgt unsere Verantwortung für unser Glück dafür, dass wir die Welt nicht für unseren persönlichen Gewinn manipulieren.

Statt sich von Gewohnheiten kontrollieren zu lassen, schafft Aufmerksamkeit die Freiheit zu wählen, was man tun und was man nicht tun möchte, was man sagt und was man unausgesprochen lässt. In diesem kurzen Moment, bevor Sie den Mund öffnen, haben Sie die Chance zu überlegen, was Sie sagen werden und welche Wirkung das auf die anderen haben kann. Ohne eine derartige Aufmerksamkeit können wir unmöglich objektiv beurteilen, welche Wirkungen unsere Gedanken und Handlungen auf uns selbst und andere haben. Und ohne diese Einschätzung wird unsere Entwicklung zu einem Spiel von Versuch und Irrtum.

Dieser gesamte Prozess der Schulung der Aufmerksamkeit bringt enormen Nutzen. Mehr und mehr wird es Ihnen gelingen, den Grauschleier von Ihrem Leben fortzuziehen und in der Gegenwart zu leben.

Den Tiger kennen lernen

Mein Geist hat seinen eigenen Willen …
JIMMY DALE GILMORE

Sei jedem Menschen dankbar!
DIE SIEBEN STUFEN DES GEISTESTRAININGS

Erledige die schwierigen Dinge zuerst.
AKONG TULKU RINPOCHE

Am Anfang unserer Entwicklung von Aufmerksamkeit entdecken wir zunächst uns selbst. Wir bemerken, wie wir uns verhalten und was wir fühlen. Allmählich können wir in der Art, wie wir agieren, oder genauer: wie wir auf bestimmte Situationen reagieren, gewisse Muster und gewohnheitsmäßige Tendenzen erkennen.

Vielleicht werden Sie von dem, was Sie da entdecken, überrascht sein. Vielleicht gefällt es Ihnen nicht. Aller Wahrscheinlichkeit nach werden Sie überhaupt nicht amüsiert sein. Den meisten wird das, was sie entdecken, so unangenehm sein, dass sie, von ihren Instinkten und ihrem Gewissen getrieben, sofort damit beginnen wollen, sich zu ändern. Alles ist recht, was die aufgedeckte Situation irgendwie verbessern oder tarnen kann. Doch bevor Sie mit irgendwelchen Veränderungen anfangen, sollten Sie noch genauer hinsehen. Zunächst müssen Sie exakt bestimmen, wo Sie sind und wohin Sie wollen. Sie müssen Ihren anfänglichen Schock überwinden und aufrichtig untersuchen,

41

wer diese/dieser Fremde ist. *Danach* können Sie dann über Veränderungen nachdenken.

Eine der ersten Vermutungen, die sich uns auf dem Wege der Schulung unserer Aufmerksamkeit aufdrängt, könnte die sein, dass diese fremde Person eine ausgezeichnete Lügnerin ist. Sicherlich mag es immer wieder vorkommen, dass wir jemanden in mehr oder weniger gravierender Weise belügen; doch diese fremde Person, die wir da entdecken, belügt noch öfter als die anderen – sich selbst. Mit der Entwicklung unserer Aufmerksamkeit entsteht die Einsicht, dass wir in Wirklichkeit gar nicht diejenigen sind, als die wir uns – vor anderen und vor uns selbst – darstellen.

Zu diesen Lügen zählt auch unsere Business-Persönlichkeit, die wir der Welt präsentieren. Je aufmerksamer wir werden, desto besser gelingt es uns, hinter die »zivilisierte« Maske zu blicken. Und das gefällt uns überhaupt nicht. Vielleicht kann auch jemand anders hinter diese Maske blicken. Vielleicht hat der Kaiser gar keine Kleider an. Wir geraten in Panik. Wir besuchen ein neues Management-Seminar und schaffen es, die Angstattacke abzuwehren. Künftig halten wir noch größere Distanz zu unseren Kolleginnen und Kollegen und unterdrücken unsere wahren Gefühle noch energischer.

Doch es ist ganz wichtig, dem Instinkt nicht nachzugeben, nachdem wir ein bestimmtes Gefühlsmuster aufgedeckt haben, die Situation dadurch »korrigieren« zu wollen, dass wir uns hinter einer weiteren künstlich geschaffenen Persönlichkeitsschicht verstecken. Dies ist die übliche Lösung des Projekts »Lederstraße«. Wenn sich unsere Aufmerksamkeit entwickelt, gelingt es immer weniger, die riesigen Löcher in der Lederstraße zu übersehen. Doch wir müssen dem Drang widerstehen, all unsere Energie darauf zu verwenden, diese Löcher einfach zuzukleistern. Irgendwie müssen wir mit Mut und Entschlossenheit unser Unbehagen zumindest für eine Weile aushalten, um das, was wir da entdeckt haben, genauer zu betrachten.

Dies ist keine besonders angenehme Beschäftigung. Die Tibeter drücken den Unterschied in der Qualität der Selbst-Wahrnehmung, die sich durch die Schulung unserer Aufmerksamkeit entwickelt, mit einem Sprichwort aus. Sie sprechen davon, wie verschieden sich ein Haar anfühlt, je nachdem, ob wir es in der Hand halten oder es im Auge haben. Auch bei uns gibt es die Redewendung »dumm, aber glücklich«.

Es mag seltsam klingen, wenn wir behaupten, dass auch Mut und Tapferkeit dazu gehören, ein besserer Manager zu werden. Tapferkeit ist normalerweise nichts, was wir in Büros mit Klimaanlage suchen. Doch genau diese Qualitäten müssen wir entwickeln. Wenn unser Mut ausreicht, können wir unser Unbehagen und unsere Angst als zusätzliche Motivation nutzen, um endgültig aus dem Projekt »Lederstraße« auszusteigen. Während Sie an den Übungen in Teil II arbeiten, müssen Sie dem Drang widerstehen, sich vor sich selbst zu verstecken. Es weiß ja doch jeder, dass Sie keine Kleider anhaben. Hören Sie also auf, sich darüber weiter Sorgen zu machen. Schließlich haben die anderen auch keine Kleider an.

Man muss allerdings zwischen Mut und Dummheit unterscheiden. Es ist sinnlos, sich selbst unnötiges Leiden zuzufügen. Schmerzen um ihrer selbst willen zu ertragen ist nicht tapfer, sondern dumm. Wenn gesagt wird, man solle sich nicht vor sich selbst verstecken, geht es nicht um Verletzung oder Strafe. Vielmehr geht es darum, die Natur der Krankheit zu verstehen und eine angemessene Medizin zu finden. Und dies so schnell wie möglich. Betrachten Sie das Unbehagen, das aus der Aufmerksamkeit entstehen mag, als eine Erinnerung daran, Ihre Medizin zu nehmen. Nichts weiter.

Wenn wir einmal erwacht sind und die Symptome der Krankheit erkannt haben, lassen sich auch deren Ursachen aufdecken und schließlich heilen. Der erste Schritt besteht darin, mit dem Lügen aufzuhören und herauszufinden, wer wir wirklich sind und was wir wirklich wollen. Das ist nicht leicht. Oft können die

Menschen gar nicht mehr unterscheiden, wo die Lüge aufhört und die Wahrheit beginnt, so sehr ist das Verstellen zur Gewohnheit geworden. Irgendwo auf dem Weg zur »Professionalität« haben sie ihr wahres inneres Selbst verloren. Da hilft kein Grübeln. Der menschliche Geist ist sehr windig. Oder mit den Worten Akong Rinpoches: »Wir können uns nicht zur Erleuchtung denken.« In dieser Lage reicht intellektuelle Entschlossenheit allein nicht aus, um die Projektionen zu durchbrechen. Schlauer werden heißt nicht notwendigerweise glücklicher werden. Und sicherlich wird keiner unserer Mitmenschen dadurch glücklicher. Mit anderen Worten, hier muss etwas Neues hinzukommen zu dem, was wir bereits unternommen haben.

Die ersten Fortschritte

Mit der Entwicklung Ihrer Aufmerksamkeit erleben Sie eine erste leichte Verbesserung Ihrer mentalen und körperlichen Gesundheit. Gleichzeitig können Sie sich aber auch frustriert fühlen. Sie haben sich so viel Mühe gegeben, Ihren Geist zu beruhigen und Aufmerksamkeit zu entwickeln, und dabei doch nur eine Erfahrung gemacht, die schon viele andere vor Ihnen gemacht haben: Statt der ersehnten Ruhe haben Sie den Eindruck, zusammen mit einem wilden Tiger in einem Käfig zu stecken. Es gelingt Ihnen kaum, den Strom flüchtiger Gedanken und Emotionen zu durchqueren und zu Ihren wahren Gefühlen vorzudringen. Ihr Geist entgleitet Ihnen immer wieder. Manchmal mag es Ihnen so vorkommen, als ob es hilfreicher gewesen wäre, wenn Sie einfach eine Stunde länger im Bett geblieben wären. Je aufgewühlter Ihr Geist ist, desto schwieriger wird es für Sie, zu einer kontemplativen Geisteshaltung zu finden. Es scheint einen direkten Zusammenhang zwischen mentaler Ruhe und Ihrer Fähigkeit zu klarem Denken zu geben.

Hier ist ein weiterer Beweis für das Zusammenspiel von inne-

rer Ruhe und klarem Denken: Erinnern Sie sich bitte daran,
wann Sie zuletzt mit jemandem einen richtigen Streit hatten,
einen Kampf, bei dem keine Seite an Kompromissen oder ver-
nünftigen Argumenten interessiert war. Wie war das, als nur ge-
schrien wurde und jeder versuchte, den anderen mit seinen Ge-
schossen zu treffen? Vermutlich konnte erst mit einer gewissen
Objektivität nach Lösungen gesucht werden, nachdem sich alle
Beteiligten wieder beruhigt und entspannt hatten. Solange alle
gereizt sind, kann es keine Objektivität geben. Ehe Sie Ihren eigenen Geist mit einer gewissen Objektivität betrachten können,
müssen auch Sie lernen, sich etwas zu beruhigen. Bevor Ihnen
das nicht gelingt, wird Ihre Selbst-Erforschung eher dem Versuch
ähneln, sich vernünftig mit einem hysterisch schreienden Kind
zu unterhalten.

Unser Versuch, uns selbst zu beruhigen, gleicht sehr stark der
Art, wie eine Mutter versucht, ihr überdrehtes Kind zu beruhigen. Jede Mutter wird Ihnen bestätigen, dass es nicht sonderlich
viel nützt, das Kind anzuschreien oder es zu bitten, mit dem
Weinen aufzuhören. Manchmal ist ein indirekter Ansatz viel wir-
kungsvoller. Etwas Liebe und Trost wirken Wunder, wo keine
Drohung hilft. Sie müssen lernen, sich selbst genauso freundlich
zu behandeln. Deshalb ist es wichtig, sich entspannen zu können
und sich trösten zu lassen. Dazu gehört insbesondere, dass Sie
lernen, mit den täglich auftretenden Spannungen umzugehen.

Entspannung

Die Übungen, die ich Ihnen bereits für den Beginn und das
Ende jedes Tages vorgeschlagen habe, können ein wirksames
Mittel zur Entspannung werden – vor allem, wenn Sie zu Anfang
jeder Sitzung besondere Aufmerksamkeit auf Ihren Atem richten. Damit diese Übung wirklich effektiv werden kann, sollte sie
gewissenhaft jeden Tag ausgeführt werden. Für manche Men-

schen ist dies die einzige Gelegenheit des Tages zu echter Entspannung.

Sämtliche Übungen in Teil II tragen zur Entspannung bei, einige sind jedoch speziell als Entspannungsübungen gedacht und darum besonders wichtig, wie zum Beispiel »Atmen« (Seite 150–152), »Gefühle« (Seite 152–155), »Das goldene Tor des Mitgefühls« (Seite 155–157), »Die inneren Elemente« (Seite 193–200) und »Das heilende Licht« (Seite 165–171). Entspannung ist die Voraussetzung dafür, dass Sie Nutzen aus den übrigen Übungen ziehen können.

Außerdem gibt es weitere nützliche Formen der Entspannung. Körperübungen, ein Spaziergang im Wald, Massagen, Malen, Ausflüge aufs Land – dies alles kann uns dabei helfen, unser Empfinden zu verfeinern und unser Tempo zu reduzieren. Vorsicht jedoch bei der Verbindung von Sport und Entspannung. Viele Menschen nehmen ihren Kampfgeist und ihren Ehrgeiz mit auf den Golfplatz oder Tennisplatz. Anstatt sich zu entspannen, machen sie das Spiel zum Krieg. Einen Tennisschläger auf dem Boden zu zertrümmern zählt nicht als Entspannung.

Jeder mag eine etwas andere Vorstellung davon haben, was für ihn oder sie Entspannung bedeutet. Die eine findet ein Wochenende auf dem Campingplatz wirklich erholsam, während genau das für jemand anderen nichts weiter als endlose Langeweile und eine Unzahl Mückenstiche bedeutet. Sobald Sie sich selbst besser kennen lernen, werden Sie ein Gefühl dafür entwickeln, wann Sie etwas mehr oder etwas weniger Entspannung brauchen und was Ihnen dabei hilft. Eine der wichtigsten Funktionen der zweimal am Tag stattfindenden Meditationen besteht darin, dass Sie das Ausmaß Ihrer eigenen An- oder Entspannung besser einschätzen und die geeignete Medizin anwenden können. Bleiben Sie aufmerksam, und seien Sie freundlich zu sich selbst. Liebevolles Mitgefühl beginnt bei uns selbst.

Vergessen Sie bei der Entspannung nicht, worum es Ihnen wirklich geht. Sie versuchen nicht, sich zu betäuben, damit Sie sich Ihren Problemen nicht mehr stellen müssen. Das Entscheidende an der Entspannung ist, dass unsere Arbeit dadurch effektiver wird. Nach einer entspannenden Aktivität sollte der Geist erfrischt und klar sein, und wir sollten uns weder geistig noch körperlich müde oder taub fühlen. Je besser wir uns entspannen können, desto besser können wir auch unser Tempo zurücknehmen. Und sobald wir etwas langsamer werden, können wir uns selbst klarer erkennen. Das ist doch kein schlechter Anfang, oder?

Das Tagebuch

Unser Geist ist nicht nur sehr flüchtig, er ist auch recht wählerisch darin, woran er sich erinnert und wie er Ereignisse bewertet. Unsere Business-Persönlichkeit gedeiht auf der Grundlage selektiver Erinnerungen. Um unsere Gewohnheit des Lügens zu durchbrechen, müssen wir lernen, unsere Vergangenheit objektiv zu betrachten. Dabei hilft uns ein weiteres Element, das wir ergänzend zu unserer allabendlichen Kontemplation einsetzen können: ein Tagebuch. Sie können Ihren normalen Tagesplaner, einen elektronischen oder ein extra Tagebuch verwenden. Nachdem Sie, vorzugsweise am Ende des Tages, über Ihre Aktivitäten nachgedacht haben, machen Sie dazu im Tagebuch einige Notizen. Anleitungen, wie Sie dieses Tagebuch führen und welche Art von Dingen Sie notieren sollten, finden Sie in Teil II auf den Seiten 138–139.

Möglicherweise ist Ihre erste Reaktion auf diese Anregung die Feststellung: »Dafür habe ich keine Zeit!« Die Übungen und die Kontemplation sollten pro Tag nicht mehr als eine halbe bis eine Stunde in Anspruch nehmen. Trotzdem haben Sie vielleicht den Eindruck, dass dies eine zu große Investition ist. Deshalb ist das Tagebuch so wichtig. Es wird sich für Sie sehr schnell zu einer Quelle der Motivation entwickeln.

Wenn Sie mit den Entspannungs- und sonstigen Übungen aus Teil II so recht keinen Anfang finden können, sollten Sie zumindest die Eintragungen ins Tagebuch vornehmen. Schließen Sie mit sich selbst eine Abmachung, es mindestens einen Monat lang zu versuchen. Betrachten Sie das Ganze als Experiment. Für den Anfang hat das Tagebuch nicht den Zweck, Sie zur Änderung Ihres Verhaltens zu bewegen. Es soll für Sie eine Hilfe sein, sich besser zu verstehen und zu erkennen, wie und weshalb Sie Ihre persönliche Geschichte filtern. So können Sie auch erkennen, wo und wann die Lügen und Täuschungen anfangen. Vergleichen Sie von Zeit zu Zeit Ihre aktuellen Erinnerungen an die Vergangenheit mit Ihren Aufzeichnungen. Berücksichtigen Sie dabei insbesondere Ereignisse, die mit Schwierigkeiten verbunden waren, und überprüfen Sie, inwieweit diese in der Erinnerung verändert, vergrößert oder verkleinert wurden.

Die Arbeit mit dem Tagebuch ermöglicht Ihnen auch die Einsicht, inwieweit Ereignisse der Vergangenheit Ihr gegenwärtiges Verhalten beeinflussen. Achten Sie auf diesen Zusammenhang, weil es wichtig ist, zu verstehen, wie und weshalb sich Ihre Business-Persönlichkeit entwickelt hat. Achten Sie auf bestimmte Muster. Seien Sie aufrichtig. Bestimmt werden Sie an sich einige Züge entdecken, auf die Sie nicht besonders stolz sind. Manchmal mag dies alles wie eine Bürde erscheinen, die nicht mehr zu tragen ist. Aber unsere Übungen wären sinnlos, wenn das, was Sie entdecken, Sie nur deprimieren und hindern würde, entschlossen zu handeln. Sie brauchen keine Angst zu haben, dass das, was Sie finden werden, so schrecklich ist, dass Sie es nicht ertragen können. Bedenken Sie bei diesen Übungen stets, dass Sie nicht danach suchen, wem Sie die Schuld geben können. Hier geht es nicht um die Klärung der Frage, woran Ihre Mutter, Ihr Vater oder Ihr Sportlehrer schuld ist. Auch nicht darum, woran Sie schuld sind. Sie suchen nicht die »Wahrheit«. Es gibt nichts, was Sie beweisen müssen. Es geht nicht um wahr oder falsch, sondern um die richtige Medizin. Sie versuchen nicht, sich zu bestrafen oder zu beweisen, was für ein schrecklicher Mensch Sie sind. Sie versuchen lediglich, sich selbst besser kennen zu lernen. Sie machen sich mit dem Tiger vertraut.

In der westlichen Kultur spielt Schuld eine besondere Rolle. Man kann andere damit sehr gut manipulieren. Vergessen Sie darum nicht, dass jeder Mensch glücklich sein will. Während Sie also die Ereignisse Ihres Lebens und die Ergebnisse Ihrer Handlungen betrachten, sollten Sie das Ziel, Ihre Suche nach Glück, im Hinterkopf behalten. Untersuchen Sie jede Handlungsweise daraufhin, welche Art von Glück Sie damit erreichen wollten. Es ist völlig in Ordnung, glücklich sein zu wollen. Studieren Sie einmal pro Woche die Einträge in Ihrem Tagebuch aus der Perspektive Ihrer Suche nach Glück. In welcher Beziehung stehen die Ereignisse zu Ihrem persönlichen Glück und zum Glück Ihrer Mitmenschen?

Der Kern unseres Selbst

Allmählich sollte die Übung der Entspannung eine tiefere Bedeutung gewinnen. Indem man lernt, sich zu entspannen, lernt man zugleich, sich mit allen Stärken und Schwächen zu akzeptieren. Man nimmt sich in seiner Ganzheit an und nicht nur in den Teilen, die man mag oder von denen man möchte, dass andere sie wahrnehmen. Außerdem lernt man, sich seine eigenen Schwächen und Verrücktheiten zu verzeihen.

Der Grund, weshalb wir lernen sollten, uns zu verzeihen, ist ein sehr praktischer: Erst dann können wir den Mut finden, mit Lüge und Täuschung aufzuhören. Die Übungen in Teil II tragen entscheidend dazu bei, dass Sie zu diesem Punkt gelangen. Argumente allein bewirken keine tiefere Entspannung. Der Verstand allein kann die ständigen Vorwürfe, das ewige Verurteilen und Einordnen in »richtig« und »falsch« nicht beenden. Vielmehr müssen wir mit unserem Geist auf einer viel tieferen, nonverbalen Ebene arbeiten. Die hier vorgestellten Übungen beruhen auf Erfahrungen, die mehrere tausend Jahre alt sind. Wir haben sie für unsere westliche Kultur adaptiert, doch im Kern sind sie so, wie sie seit Generationen praktiziert worden sind. Und sie funktionieren.

Vertrauen Sie der Wirksamkeit dieses Prozesses. Andernfalls könnte es nur zu leicht passieren, dass Sie in Verzweiflung oder Langeweile zurückfallen und wieder mit dem Lügen anfangen. Allzu leicht kann man die Geduld verlieren, und man gibt auf, sobald man mit einem besonders unangenehmen Gefühl oder Ereignis konfrontiert wird. Denken Sie bei diesen Übungen also stets daran, dass sie sich über einen sehr langen Zeitraum hinweg bewährt haben. Die Gewissheit, dass diese Reise mit Sicherheit erfolgreich sein wird, kann ebenfalls zur Entspannung beitragen. Haben Sie also etwas Geduld.

Inventur

Sich zu entspannen bedeutet jedoch nicht, sich mit seinen Fehlern und Unvollkommenheiten einfach abzufinden. Im Zustand der Aufmerksamkeit werden Sie beständig daran erinnert, wie einfach es ist, sich und andere zu verletzen. Wir müssen unsere Verhaltensweisen also sorgfältig untersuchen und entscheiden, welche von ihnen zu dauerhafter Zufriedenheit und welche ins Unglück führen, egal welchen Lustgewinn sie uns vorübergehend bringen mögen. Hier geht es um eine persönliche Inventur. Sie müssen entscheiden, was hilfreich ist und es verdient, gestärkt zu werden, und was nicht hilft und transformiert werden muss. Jeder von uns muss hier seine ganz persönliche Liste erstellen. Und diese Liste wird sich im Laufe der Zeit sicherlich verändern, weil sich unser Verständnis von uns selbst vertieft und erweitert. Seien Sie bei dieser Arbeit so aufrichtig und gründlich wie möglich.

Der Nutzen von Arbeitsbeziehungen

Im Verlauf der Inventur werden Sie eine aufregende Entdeckung machen: Zunächst haben Sie Ihre Untersuchung fast ausschließlich auf sich beschränkt. Nun kommen Ihre Beziehungen zu anderen Menschen in den Blick und enthüllen Ihnen Ihr wahres Selbst in den lebhaftesten Details. Unsere Beziehungen zu anderen, speziell bei der Arbeit, sind der beste und schnellste Weg, um herauszufinden, wer wir sind.

Unsere Arbeitskolleginnen und Kollegen sind deshalb so wichtig, weil wir nicht vor ihnen weglaufen können. Durch die Arbeit sind wir gezwungen, miteinander auszukommen. Die Zusammenarbeit mit anderen kann unsere Stärken und Schwächen ganz anders zum Vorschein bringen, als wenn wir nur allein arbeiten. Hier müssen wir die Eigentümlichkeiten unserer Persönlichkeit zur Kenntnis nehmen. Bei der Arbeit hilft kein trotziges Bestehen auf den eigenen Wünschen. Mit Aufmerksamkeit und der richtigen Motivation können unsere Arbeitssituation, die Menschen, mit denen wir umgehen und die alltäglichen Ereignisse zu einem wertvollen Spiegel für uns werden.

Beziehen Sie bei Ihrer abendlichen Kontemplation auch Ihre persönlichen Beziehungen mit ein. Wie haben Sie sich bei einer bestimmten Begegnung gefühlt? Hat jemand Ihre Arbeit lächerlich gemacht? Haben Sie sich dabei zurückgesetzt gefühlt? Hat man Sie an einer wichtigen Entscheidung nicht teilhaben lassen? Schauen Sie hin. Nehmen Sie Ihre Gefühle wahr. Was hätten Sie sich statt dessen gewünscht? Und dann fragen Sie sich:»Hätte ich diese Erkenntnisse über mich auch ohne dieses Erlebnis gewonnen? Was wäre, wenn meine Arbeit niemals kritisiert würde? Könnte ich dann überhaupt verstehen, wie es sich anfühlt, zurückgesetzt zu werden? Könnte ich dann Mitgefühl für jemand in der gleichen Lage entwickeln?«

So schmerzhaft es auch sein mag, Sie sollten anerkennen, dass Ihnen die anderen ein wertvolles Geschenk gemacht haben, das

Sie niemals oder jedenfalls nicht so schnell und so gründlich allein entdeckt hätten. Selbst wenn Ihnen diese Erfahrung wie eine Wurzelbehandlung beim Zahnarzt vorkommt, sollten Sie doch anerkennen, wie wertvoll sie für Ihre persönliche Entwicklung ist.

Es zeugt von guten Manieren, wenn wir uns bei der Person bedanken, die uns etwas Gutes getan hat, selbst wenn dies nicht in ihrer Absicht lag. Möglicherweise ist es nicht besonders praktisch oder sinnvoll, zu der Person zu gehen, die uns gestern schroff kritisiert hat, und ihr für ihre Vorwürfe zu danken. Schicken Sie ihr vielleicht eher am Ende Ihrer Abendsitzung einen Gedanken der Dankbarkeit. Selbst wenn die Enttäuschung oder der Schmerz im Moment noch zu tief sitzen, um die Dankbarkeit wirklich zu spüren, sollten Sie sich doch die Mühe machen. Notfalls können Sie zu diesem Erlebnis zu einem späteren Zeitpunkt zurückkehren, wenn Sie wieder mit Ihrem Tagebuch arbeiten. Vielleicht hat sich Ihre Dankbarkeit dann schon etwas entwickelt.

Bei der Arbeit mit den Übungen in Teil II kann sich ein kleines Wunder ereignen. Vielleicht fangen Sie an, anderen Menschen gegenüber echte Dankbarkeit zu empfinden. Sie sind gar nicht so sehr ein Problem, wie Sie geglaubt hatten. Sie sind ein Teil der Lösung. Mit ihrer Hilfe können Sie sich viel klarer erkennen. Ohne die anderen hätten Sie niemals den Mut, all dies allein herauszufinden. Arbeitsbeziehungen können Ihnen den Mut geben, Dinge zu leisten, die Sie allein niemals schaffen würden.

Bei den Tibetern gibt es eine sehr beliebte Geschichte, die diese Einstellung zu unseren Arbeitsbeziehungen illustriert. Sie spielt in der Zeit, als sich Atisha, der Gelehrte, der die hier verwendeten Techniken des Geistestrainings entwickelt hat, auf seine erste Reise nach Tibet vorbereitete. Atisha war nicht nur ein Gelehrter, sondern er trainierte auch seinen Geist sehr ernsthaft. So arbeitete er besonders an der Entwicklung von Geduld. Zu diesem Zweck stellte er als Begleiter auf seiner langen und einsamen Reise den faulsten und frechsten *teaboy* aus ganz Bengalen ein. Welchen besseren Weg könnte es geben, überlegte er, um Geduld zu entwickeln. Mit einem gewissen Vergnügen erzählen einem die Tibeter, dass Atisha schon eine Viertelstunde nach seiner Ankunft in Tibet erkannte, dass er den *teaboy* überhaupt nicht gebraucht hätte.

Wir alle haben unseren eigenen bengalischen *teaboy*. Anstatt solche Menschen für Hindernisse auf unserem Weg zum Glück zu halten, sollten wir ihnen für die guten Gelegenheiten zur Übung danken, die sie uns bieten. In gewisser Weise wird unsere Arbeit zu einem Übungsfeld, auf dem wir etwas so lange ausprobieren können, bis es funktioniert.

Wenn wir unsere Arbeit als Weg zur Selbsterkenntnis nutzen, bleibt es nicht aus, dass sich unsere Beziehungen zu anderen Menschen verändern. Unangenehme Erlebnisse können wir als Gelegenheit sehen, um mehr über uns herauszufinden. Wir brauchen nicht mehr vor schwierigen Aufgaben oder Menschen zurückzuschrecken. Wir brauchen ihnen nicht auszuweichen oder uns defensiv zu verhalten, wenn sie auf uns zukommen. Weil uns die anderen die wahre Natur unseres Geistes zeigen, können wir ihnen zutiefst dankbar sein – vor allem, wenn wir uns sehr über sie aufregen müssen. Statt des Versuchs, uns zu schützen, können wir lernen, das zu tun, was in einer Situation angemessen ist und zum besten Ergebnis für alle Beteiligten führt. Dankbarkeit und Mitgefühl entwickeln sich so auf ganz natürliche und spontane Weise. Dankbarkeit, weil andere, besonders wenn sie schwierig sind, für uns wie Spiegel sind, in denen wir unser wahres Selbst erkennen können; Mitgefühl, weil wir uns nun in andere hineinversetzen können, die die gleichen Gefühle empfinden.

So entwickeln wir nach und nach eine ganz neue Einstellung zum Wert unserer Arbeit. Die Arbeit ist Labor, Übungsfeld, Krankenhaus: was auch immer wir brauchen, um unserem Leben mehr Wert zu geben. Je stärker Sie sich auf diesen Aspekt konzentrieren, desto größeren Nutzen werden Sie aus Ihrer Arbeitssituation ziehen können. Und je mehr Sie sich selbst entwickeln, desto wertvoller wird Ihre Arbeit. Dies gilt dann auch für unsere Kolleginnen und Kollegen, die ja der wichtigste Bestandteil unserer Arbeitssituation sind. Je höher wir sie schätzen, desto effektiver werden alle zusammenarbeiten.

Arbeit mit Emotionen

Arbeite zuerst mit Deinen größten Fehlern.

DIE SIEBEN STUFEN DES GEISTESTRAININGS

Die Zeit heilt alle Wunden.

SPRICHWORT

Nun ist die Zeit gekommen, wo wir mit der Veränderung unseres Verhaltens beginnen können. Wenn wir uns eine richtige Business-Persönlichkeit vorstellen, dann denken wir meistens an einen Menschen, der jede Situation völlig unter Kontrolle hat. Nach außen hin wirkt er kühl und kontrolliert, ja vielleicht sogar sehr charmant, doch unter der Oberfläche kocht er vor Ehrgeiz und Aggression. Es ist nicht leicht, sich von dieser scheinbar erfolgreichen Modellvorstellung zu verabschieden. Aber auch wenn sie uns erlaubt, recht ordentlich zu funktionieren, hält sie uns doch genau davon ab, wirklich glücklich zu werden.

Wenn sich ein fundamentaler Wandel in unserer Wahrnehmung ereignet, sprechen wir von einem Paradigmenwechsel. Unsere westliche Zivilisation erlebte einen solchen Wandel, als Kolumbus Amerika entdeckte. Innerhalb kürzester Zeit begriff man, dass die Welt nicht flach sondern rund war. In unserem Buch haben wir jetzt einen solchen Wendepunkt erreicht. Jetzt gelten neue Regeln.

Inzwischen sollten Sie durch Ihre Kontemplationen und die Arbeit mit Ihrem Tagebuch einiges darüber erfahren haben, wer

Sie sind und wie Sie sich der Welt gegenüber verhalten. Sie sollten erkannt haben, wie wenig effektiv und wie unangemessen Ihre gegenwärtige Art ist, mit anderen Menschen und der Welt umzugehen. Sie sollten sehr klar gesehen haben, welches künstliche Bild Sie von sich aufgebaut und wie Sie sich und andere verletzt haben.

Selbstverständlich kann es sein, dass Sie gegenüber dem Gedanken, sich verändern zu müssen, einen gewissen Widerstand verspüren. Sie betrachten sich und Ihre Umgebung und haben vielleicht den Eindruck, dass Sie nach außen hin doch gar nicht so schlecht dastehen. Die Entspannungsübungen tragen erste Früchte, und es ist nur zu leicht, das bisher Erreichte zu sichten und zu sagen: »Das reicht mir. Den Rest brauche ich nicht. Es geht mir jetzt viel besser, und ich möchte bleiben, wie ich bin.« Doch das ist nicht genug.

Die Kontemplationen und das Tagebuch sollten Ihnen auch einige Ihrer Grenzen gezeigt haben, bestimmte Verhaltensmuster, Ihre größten Schwächen und Zwänge. Möglicherweise sind diese Charakterzüge keine besonderen Hindernisse auf Ihrem Weg zu beruflichem Erfolg. Es sind jedoch die Charakterzüge, die Sie am meisten daran hindern, glücklich zu werden, und sie verhindern auch, dass andere mit Ihnen glücklich sein können. An diesen Charaktereigenschaften sollten Sie zunächst arbeiten. Das heißt, dass Sie es mit einigen sehr intensiven Emotionen zu tun haben werden.

Die ersten Schritte

Die meisten Menschen gehen mit schwierigen Emotionen in der Weise um, dass sie diese unterdrücken. Emotionen machen Schwierigkeiten, sie sind uns peinlich und werden daher von der Business-Persönlichkeit versteckt. Doch jetzt sollten wir beginnen, mit diesen Emotionen in einer konstruktiven Weise zu arbeiten, speziell mit denjenigen, die uns die meisten Probleme bereiten. Jetzt wird es Zeit, den Tiger zu zähmen.

Eines der größten Hindernisse bei der Arbeit mit unseren Emotionen ist unsere Angst – die Angst vor dem Unbekannten und Unerwarteten. Es ist ganz normal, sich befangen zu fühlen, wenn man zum ersten Mal mit seinen Emotionen arbeitet. Es hat so viel Mühe gekostet, den Tiger in den Käfig zu sperren und unter Kontrolle zu halten. Falls unser Versuch scheitert, steht viel auf dem Spiel. Seltsamerweise ist der Tiger jedoch in der Vergangenheit immer wieder aus seinem Käfig ausgebrochen und hat Unheil angerichtet. Kein Käfig ist stark genug, um den Tiger endgültig wegzusperren. Es ist also Zeit zu verhandeln.

Angst haben wir ganz besonders davor, dass wir intensive Emotionen nicht kontrollieren können. Diese Explosionsgefahr besteht, weil wir nicht gelernt haben, mit unseren Emotionen wirkungsvoll umzugehen, wenn sie entstehen. Können Sie sich an eine derartige Explosion erinnern, an das bekannte Muster: »Ich habe gesagt …« – »Du hast aber gesagt …«? Auch mit positiven Emotionen können wir anderen immer wieder zu nahe treten, zum Beispiel, wenn wir uns zu sehr in unseren Erfolgen sonnen. Emotionen können so intensiv werden und unsere Aufmerksamkeit so stark absorbieren, dass wir den Kontakt zur Umgebung verlieren. Und dann machen wir Fehler. Wir müssen also lernen, mit intensiven Emotionen umzugehen, sobald sie auftreten. Lassen Sie es also nicht zu, sich von Ärger, Gier, Eifersucht oder Leidenschaft wegfegen zu lassen. Lernen Sie, wie sich deren Wirkung minimieren lässt. Danach können Sie dann lernen, Ihre Gefühle auf konstruktive Weise auszudrücken.

Vielleicht denken Sie jetzt: »Aber das mache ich doch schon! Ich halte mich fast ständig unter Kontrolle.« Es ist jedoch etwas ganz anderes, ob man seine Emotionen unterdrückt oder ob man lernt, mit ihnen zu arbeiten. Selbst wenn wir unsere Emotionen gut unter Kontrolle halten, gibt es doch immer wieder traumatische Anlässe – man verliert seine Stelle, jemand stirbt, oder unsere Ehe löst sich auf –, bei denen sie gewaltsam an die Oberfläche drängen.

Wenn wir von einer starken Emotion ergriffen werden, kommt es zunächst entscheidend darauf an, unsere Aufmerksamkeit genau darauf zu richten. Gehen Sie nicht darüber hinweg, sondern nehmen Sie sich Zeit, um mit ihren Gefühlen zu arbeiten. Bis jetzt haben Sie Ihre Ausbrüche im Tagebuch dokumentiert und sind dadurch bereits besser mit ihnen in Kontakt. Doch jetzt sollten Sie bereits im Augenblick ihrer Entstehung beobachten, was geschieht. Vielleicht müssen Sie dazu Ihre gegenwärtige Tätigkeit unterbrechen oder einen Spaziergang machen. Versuchen Sie bitte nicht, Ihre Gefühle zu ignorieren oder so zu tun, als gäbe es sie nicht. Sicherlich ist es nicht leicht, vor allem mit extrem schmerzhaften Emotionen wie Trauer oder Wut konstruktiv umzugehen. Einen Anfang dazu kann man mit der Übung »Arbeit mit intensiven Emotionen« auf den Seiten 140–143 machen. Das Wichtigste ist, dass Sie die Emotionen nicht aus lauter Angst zu ignorieren versuchen.

Vergangenheit, Gegenwart und Zukunft

Die nächste wichtige Frage, die sich uns stellt, lautet: Wie reagieren wir auf unsere intensiven Emotionen? Meistens kommt es zu einer Art von Kettenreaktion. Zuerst werden wir verletzt, beispielsweise indem jemand unser Vertrauen missbraucht oder unsere Arbeit nicht anerkennt. Also reagieren wir, um weitere Verletzungen zu vermeiden. Wir versuchen, uns zu schützen. Nie wieder werden wir diesem Menschen vertrauen oder ihn überhaupt sympathisch finden. Und dann bekommen wir irgendwann die Gelegenheit, es diesem Menschen oder jemandem, der ihm ähnlich ist, heimzuzahlen. Wir rächen uns, und jetzt sind wir es, die jemanden verletzen. Nun wird natürlich diese Person ihrerseits jemanden suchen, an dem sie sich rächen kann. Und so geht es immer weiter ... Kann unsere Arbeit auf diese Weise vernünftig erledigt werden? Die Angst vor emotionalen Ausbrüchen prägt unser Verhalten stärker, als wir glauben. Oft streben wir planvoll danach, Menschen und Situationen aus dem Weg zu gehen, die wir mit einem intensiven emotionalen Erlebnis in Verbindung bringen. Ein großer Teil der Angst rührt daher, dass wir fürchten, unsere Selbstbeherrschung zu verlieren. Selbst wenn jemand anders die Kontrolle verliert, erinnert uns das an unseren eigenen Tiger, der kaum in seinem Käfig zu halten ist. Also neigen wir insgesamt dazu, Erfahrungen, die eine starke emotionale Komponente aufweisen, zu vermeiden – selbst wenn sie für uns sehr wichtig sein könnten.

Manche starken Emotionen laufen regelrecht nach bestimmten Mustern ab. Dazu zählen beispielsweise Wut oder Ungeduld. Gerade in diesen Fällen kommt es darauf an, den Kreislauf von Ursache und Wirkung zu durchbrechen und zu vermeiden, unsere Verletzung an andere weiterzugeben. Sie haben zwei Möglichkeiten. Zum einen können Sie Ihre Vergangenheit betrachten, um herauszufinden, wie Ihr Verhalten und Ihre Einstellungen zu Ihrer eigenen Verletzung und zu deren Weitergabe an andere beigetragen haben. So können Sie lernen, zu verstehen und zu verzeihen. Und Sie können lernen, emotionale Muster zu erkennen und mit deren Ursachen zu arbeiten. Der zweite Ansatz besteht darin, Ihre Einstellungen und Verhaltensweisen jetzt und zukünftig zu betrachten. Dadurch kann der Kreislauf des Leidens durchbrochen werden – und dies wäre ein Akt wirklichen Mitgefühls.

Betrachten Sie, welche intensiven Gefühlsregungen – vergangene und künftige – Sie erleben. Schauen Sie nach, ob Sie aus Dummheit oder Nichtwissen etwas getan haben, was zu Ihrem gegenwärtigen Gefühlszustand beigetragen hat. Falls ja, stellen Sie fest, ob es sich lohnt, an diesem Verhalten festzuhalten, das zu Ihrem Unglück geführt hat. In Bezug auf die Zukunft sollten Sie vor allem überlegen, wie Sie Ihre vergangenen Erfahrungen auf positive Weise nutzen können, um sich und anderen zu helfen.

Die Überwindung der Vergangenheit

Durch die Arbeit mit intensiven Emotionen können Sie Ihre Angst vor Kontrollverlust überwinden. Wenn wir einsehen, dass selbst stärkste Emotionen – unsere eigenen oder die unserer Mitmenschen – keine wirkliche Substanz besitzen, dann werden sie uns schon weniger bedrohlich vorkommen. Sie sind dazu da, um transformiert, geklärt und harmonisch in unser Streben nach Glück integriert zu werden. Dies ist der Schlüssel zum Verständnis, wie man mit anderen konstruktiv zusammenarbeiten kann.

Ob positiv oder negativ, irgendwann treten auch intensivste Emotionen in den Hintergrund unseres Bewusstseins zurück. Das heißt jedoch nicht, dass sie verschwinden. Sie können sich sogar weiterentwickeln, nachdem ihr ursprünglicher Anlass längst verschwunden ist. In irgendeiner Form tragen wir alle unsere vergangenen Erfahrungen weiter in uns. Dieses emotionale Gepäck beeinflusst alles, was wir denken und tun.

Unglücklicherweise können Sie dieses Gepäck nicht so einfach loswerden. Doch es gibt Übungen, die Ihnen dabei helfen. Dazu zählen zunächst die Übungen in Teil II dieses Buches. Es nützt wenig, diese Übungen einfach nur durchzulesen. Sie entfalten ihren Wert erst, wenn man sie wirklich ausführt. Durch regelmäßige und konsequente Anwendung können sie uns sehr helfen, die emotionalen Wunden der Vergangenheit zu heilen.

Und dann sind da noch Ihre täglichen Kontemplationen und die Arbeit mit dem Tagebuch. Jeder hat doch aus seiner Vergangenheit noch einige Leichen im Keller, und die Erinnerung daran bereitet uns Kummer, Peinlichkeit oder Ärger. Im Zuge Ihrer inneren Arbeit, vor allem dann, wenn Sie auf emotionale Muster stoßen, die wiederholt auftreten, stellen Sie vielleicht fest, dass diese Erinnerungen wieder an die Oberfläche kommen. Wenn das geschieht, neigen die meisten Menschen zu einer von zwei Reaktionsweisen: Entweder stürzen sie sich sofort wieder in die betreffenden Gefühle hinein, in Selbstgerechtigkeit, Ärger oder Glückseligkeit – oder sie lassen die Erinnerung so schnell wie möglich wieder fallen. Doch die Lösung liegt irgendwo in der Mitte zwischen diesen beiden Extremen. Mit den meisten schmerzhaften Erinnerungen ist irgendeine Art von Schuldvorwurf verbunden, den wir entweder gegen uns selbst oder gegen jemand anderes richten. Oft kommt sogar beides zusammen. Um diesen Zusammenhang aufzulösen, hilft Ihnen die Übung »Die Klärung von Schuld« (Seite 143–146). Die Übung »Das goldene Tor des Mitgefühls« (Seite 155–157) wird Sie besonders dabei unterstützen, dass Sie sich Ihre eigenen Fehler verzeihen.

Die Zukunft bearbeiten

Sie haben nun einige Techniken kennen gelernt, die Ihnen bei der Arbeit mit Ihrer emotionalen Vergangenheit und Gegenwart nützlich sind. Nun wollen wir sehen, wie sich die Zukunft gestalten lässt. Sie sind nun bereit dafür, neue Formen der Interaktion mit anderen Menschen auszuprobieren. Sie entscheiden jetzt, wie Sie mit anderen umgehen wollen.

Während Ihrer abendlichen Kontemplationen wird sich bestimmt einmal ein Anlass bieten zu untersuchen, welche Gefühle Sie im Laufe des Tages gegenüber anderen Personen gehabt haben. Sie werden erkennen, wie bestimmte positive oder negative Gefühle bei der Arbeit oder dem Kontakt mit anderen Personen entstanden sind. Im Augenblick ihres Entstehens mögen sie Ihnen nur wie kleinere Irritationen vorgekommen sein. Doch sie bilden oft den Anfang heftiger emotionaler Krisen. Emotionale Obsessionen wie intensive Zuneigung für oder Abneigung gegen jemanden entstehen selten in einem einzigen Augenblick. Vielmehr entwickeln sie sich im Laufe der Zeit. Kleinere Irritationen nagen so lange an uns, bis Sie sich zu richtigen »internationalen Krisen« aufblasen. Kleinere Missverständnisse bleiben ungeklärt und führen schließlich zu eisigem Schweigen der Beteiligten. Unterschiedliche Ansichten werden so lange gepflegt, bis daraus ein tödlicher Machtkampf entsteht. Diese Art zu leben ist nicht sehr angenehm. Wäre es nicht sinnvoll, vor allem aus der Perspektive unserer Kolleginnen und Kollegen, diese emotionalen Gewitter zu beruhigen, bevor sie zu gefährlichen Stürmen anschwellen? Es gibt verschiedene Möglichkeiten, mit unseren Gefühlsmustern zu arbeiten. Das Konzept der Sechs Reiche aus der buddhistischen Tradition bietet einen derartigen Ansatzpunkt. Vielleicht finden Sie, dass es Ihnen mehr hilft als Ihr bisheriger Ansatz, andere für ihr Verhalten zu verurteilen.

Die Sechs Reiche

Für die Arbeit mit den emotionalen Mustern ist es nützlich, diese zunächst in Kategorien einzuteilen. Dadurch lassen sich Verhaltensweisen in sehr konzentrierter Form beschreiben und die am besten geeignete Medizin auswählen. Es gibt in der westlichen Psychologie verschiedene Verfahren, um die unterschiedlichen Persönlichkeitstypen zu definieren. Doch wir wollen hier mit einem Modell aus der tibetischen Tradition arbeiten. Es geht um das Konzept der Sechs Reiche, die jeweils von einem vorherrschenden emotionalen Muster gekennzeichnet sind. Infolge seiner vergangenen emotionalen Erfahrungen sowie anderer Tendenzen ist jeder Mensch vorzugsweise einem oder vielleicht zweien dieser Reiche zuzuordnen. Darüber hinaus kann jeder Mensch in bestimmten Situationen, beispielsweise während anstrengender Geschäftsbesprechungen, durchaus auch Verhaltensweisen aller übrigen Bereiche zeigen.

1. Das Reich der Götter

Dieses Reich wird vor allem mit Gefühlen von Stolz, Arroganz und Überlegenheit assoziiert. Wer überwiegend in diesem Reich »lebt«, muss andere ständig daran erinnern, was für ein wunderbarer Mensch er oder sie doch ist. Solche Menschen sind oft sehr begabt, was es noch schwieriger macht, mit ihnen auszukommen. Nicht wenige Manager leben im Reich der Götter. Das Problem hier ist, dass seine Bewohner wenig Raum für andere lassen. Wer für einen Bewohner dieses Reiches arbeitet, wird ständig daran erinnert, wie wenig er selbst doch wert ist. Als Mitarbeiter können sie andere – auch ihre Vorgesetzten – spüren lassen, dass diese eigentlich nicht richtig wissen, wie die Arbeit zu machen ist. Wenn es sie nicht gäbe, würde in der Abteilung alles zusammenbrechen.

2. Das Reich der Halbgötter

Vorherrschende Gefühle sind hier Eifersucht und Neid. Es ist interessant, mit Menschen aus diesem Reich zusammenzuarbeiten, denn sie sind stets mehr an ihrem nächsten Job interessiert als an ihrem gegenwärtigen. Sie sind durchweg davon überzeugt, dass sie mehr verdient haben als das, was sie bekommen. Solche Leute geben ihr Revier niemals auf. Wenn Beförderungen und Mitarbeiterbeurteilungen ins Haus stehen, werden wir alle zu Bewohnern dieses Reichs der Halbgötter.

3. Das Reich der Hölle

Hier herrschen Ärger und Wut. Diese Menschen sind sehr auf Konkurrenz aus. Oft arbeiten sie als Unternehmensberater – primär wohl deshalb, weil sie es nicht schaffen, länger an einem Arbeitsplatz zu bleiben, ohne gefeuert zu werden. Es ist nicht angenehm, mit ihnen zu arbeiten. Dazu trägt auch die Tatsache bei, dass sie oft ausgesprochene *workaholics* sind.

4. Das Reich der hungrigen Geister

Hier herrschen geistig-seelische Armut und mentaler Hunger. Hungrige Geister haben immer eine Ausrede. Für ihr Versagen gibt es immer einen Grund. Solche Menschen haben immer Pech. Man erlebt sie selten in der Rolle des Vorgesetzten, weil man sie bei Beförderungen einfach immer übergangen hat ... In jedem Team gibt es den einen oder anderen hungrigen Geist.

5. Das Reich der Tiere

Dieses Reich wird mit Dummheit und Dumpfheit assoziiert. Solche Menschen hassen Veränderungen. Man findet sie häufig im Bereich des mittleren Management, in kleineren Unternehmen und in Abteilungen, in denen es nicht viele Veränderungen gibt. Menschen aus dem Reich der Tiere sind belastbar und zuverlässig. Man muss von ihnen keine Überraschungen befürchten. Vorlagen und Berichte werden stets pünktlich abgeliefert.

6. Das Reich der Menschen

Primär regieren hier Verlangen und Frustration. Obwohl es sich dem Namen nach um das Reich der Menschen handelt, ist dies nicht notwendigerweise jedermanns »Heimat«. Hierher gehören Unglück und Traurigkeit. Die Menschen aus diesem Bereich mögen Veränderungen; sie wollen immer etwas Neues; sie sind stets unzufrieden. Als Mitarbeiter beteiligen sie sich lieber an Projekten als an Routineaufgaben – vor allem wohl deshalb, weil sie vor lauter Unruhe keine Aufgabe zweimal auf die gleiche Weise erledigen können. Beim dritten Mal wird etwas schon zur richtigen Qual. Solche Menschen geben gute Unternehmensberater ab.

Es gibt zahlreiche Kombinationsmöglichkeiten dieser Verhaltensweisen, und jeder Typus hat – ob als Chef oder Mitarbeiter – seine eigenen Besonderheiten in der Beziehung zu anderen Menschen. Das Konzept der Sechs Reiche kann dazu beitragen, dass wir besser verstehen, wie die Menschen miteinander arbeiten. Unsere innere Ausgeglichenheit hängt davon ab, dass wir uns vom Drama der Emotionen nicht forttragen lassen.

Zusätzlich zu Ihren täglichen Beobachtungen könnte es für Sie interessant sein, sich einmal mit Ihren Emotionen unter dem Aspekt der Sechs Reiche zu beschäftigen. Gibt es da bestimmte, immer wiederkehrende Muster? Falls andere Personen oder Unternehmen mit Ihren Gefühlen zu tun haben: Welchem der Sechs Reiche gehören sie an? Ferner könnten Sie untersuchen, welche Art von Interaktion es zwischen Ihrem Muster und dem Muster der anderen gibt. Möglicherweise möchten Sie dazu einige Punkte im Tagebuch notieren. Prüfen Sie, ob Ihnen die Theorie der Sechs Reiche hilft, sich selbst und andere besser zu verstehen.

Lesen Sie einmal pro Woche die Aufzeichnungen der vergangenen Tage durch. Kündigen sich Entwicklungen an, um die Sie sich kümmern müssen? Steht eine Auseinandersetzung zwischen verschiedenen »Reichen« bevor? Denken Sie darüber nach, und versuchen Sie, die Ursachen herauszufinden. Wenden Sie dann die geeignete Medizin an. Besonders nützlich bei der Arbeit mit emotionalen Ungleichgewichten ist die Übung »Das heilende Licht« auf den Seiten 165–167.

Natürlich können Sie drohendem Unheil auch dadurch begegnen, dass Sie den täglichen Ereignissen gegenüber aufmerksam sind. Vielleicht gibt es Probleme bei der Zusammenarbeit mit einem Kollegen aus dem Reich der Hölle. Solche Menschen scheinen sich immer über irgendetwas aufregen zu müssen. Sie scheinen ständig Streit zu suchen, um mit Hilfe ihres Ärgers anderen Menschen ihre Meinung aufzuzwingen. Es ist, als ob dieser Typus ständig mit einer ungesicherten Waffe durchs Büro liefe. Es kann uns helfen, wenn wir verstehen, dass er immer auf irgendetwas oder irgendjemand sauer sein muss und dass es keine große Rolle spielt, wer oder was es ist. Insofern brauchen wir ein solches Verhalten auch nicht persönlich zu nehmen, falls es sich einmal gegen uns richtet. Mit diesen Einsichten können wir jetzt auch unsere Entscheidungen von einer objektiveren Warte aus treffen.

Derartiges Wissen kann Ihnen auch auf der Ebene der betrieblichen Organisation selbst nützlich sein. Wenn in Ihrer Abteilung eine Neuorganisation ansteht, können Sie berücksichtigen, dass Menschen aus den Reichen der Tiere und der Halbgötter damit besondere Schwierigkeiten haben werden, während Kolleginnen und Kollegen aus dem Reich der Menschen oder dem der Hölle vor Veränderungen viel weniger Angst haben. Davon abgesehen bringen größere Veränderungen bei jedem von uns Verhaltensweisen aus dem Reich der Halbgötter oder dem der Tiere zum Vorschein. Wenn Sie dies bedenken, können Sie sich und Ihre Kollegen besser vorbereiten. Auch das ist Mitgefühl. Mehr noch, es ist Mitgefühl, das wirklich hilft.

Die Arbeit mit Gefühlsmustern

Der wunderbare Prozess, der mit der Entwicklung unserer Aufmerksamkeit begonnen hat, zeigt auch bei der Arbeit mit unseren Emotionen gute Erfolge. Unsere Welt wird immer lebendiger. Das ist die Belohnung für unsere harte Arbeit und ein Geschenk, das Sie sich selbst und Ihrer Umgebung machen.

Bei der Arbeit mit Gefühlsmustern können Sie zwei wichtige

Erkenntnisse gewinnen. Die erste betrifft die wahre Natur unserer Gefühle: Wir entdecken, dass es niemanden gibt, der keine schmerzhaften Gefühle hat. Sie sind ein selbstverständlicher Teil unseres Lebens. Wir können den Ereignissen, die uns normalerweise Schmerzen verursachen, nicht aus dem Weg gehen. Doch wir haben die Wahl, wie wir darauf reagieren wollen. Wir können die positiven und negativen Ereignisse unseres Lebens so betrachten, dass wir akzeptieren, dass sie zu unserem Leben gehören. So entwickeln wir ein Gefühl der Harmonie mit unserer Umgebung.

Die zweite Einsicht betrifft die Bedeutung, die andere Menschen für die Entwicklung unserer emotionalen Reife haben. Es wird uns immer klarer, dass wir ohne den Zwang, mit unseren Kolleginnen und Kollegen zusammenarbeiten zu müssen, kaum jemals so viel Energie und Mut für die Arbeit mit unseren Gefühlsmustern aufbringen würden. Interessanterweise sind es diejenigen Menschen, mit denen wir die meisten Schwierigkeiten haben – unsere Todfeinde im Krieg der Reiche –, von denen wir am meisten lernen. Wer dies einmal erkannt hat, kann lernen, solche Menschen zu schätzen und ihnen gegenüber sogar Gefühle der Sympathie zu entwickeln. Dann kann man sie auch freundlicher behandeln. Wenn wir schließlich mit solchen Mitmenschen freundlicher umgehen, erwidern sie gewöhnlich diese Gefühle – und es entsteht eine neue Art von Kettenreaktion.

Konflikte

Wenn ich mich über einen meiner Kunden besonders ärgere, male ich sein Gesicht auf einen Golfball. Sie glauben nicht, wie gut sich das anfühlt, wenn ich diesen Ball schlage.

EIN UNTERNEHMER

Ziele niemals auf das Herz.

DIE SIEBEN STUFEN DES GEISTESTRAININGS

Zum Streiten braucht man zwei.

SPRICHWORT

Wir haben es bei der Arbeit mit Menschen zu tun, die wir mögen – und mit Menschen, die wir nicht mögen. Manchmal ist unsere Abneigung sehr intensiv. Nur selten haben wir das Vergnügen, ausschließlich mit solchen Kolleginnen und Kollegen zu arbeiten, die unsere Freunde sind oder mit denen wir völlig übereinstimmen. Weil niemand gern in Schwierigkeiten gerät, neigen wir dazu, den Menschen, die wir mögen, mehr Aufmerksamkeit zu widmen und freundlicher zu ihnen zu sein und die anderen so weit zu meiden, wie es geht. Doch das führt dazu, dass wir oft nicht das tun, was fair oder das Beste für alle Beteiligten – ob Freund oder Feind – wäre.

Wir haben erfahren, dass die Entwicklung von mehr Friedfertigkeit und Harmonie und ein besseres Verständnis emotionaler und geistiger Muster dazu führen, dass wir andere, die wir eigentlich nicht mögen, mit mehr Mitgefühl behandeln. Aber es wäre naiv zu glauben, dass uns die anderen nur deswegen schon besser behandeln, weil wir damit anfangen. Und erst recht verwandelt sich nicht die ganze Welt, nur weil wir daran arbeiten, ein freundlicherer Mensch zu werden. Der Dalai Lama wurde aus Tibet vertrieben; überall wirft man gute Menschen ins Gefängnis – und manchmal sind es die guten Menschen selbst, die dies tun. Die Netten gewinnen nicht immer im Lotto. Mit einem Wort, es ist unmöglich, in der realen Welt den Kontakt zu schwierigen Menschen zu vermeiden. Da man Konflikte also nicht beseitigen kann, kommt es darauf an zu lernen, wie man damit umgeht: Wie man mit Menschen arbeitet, mit denen die Zusammenarbeit keine besondere Freude macht oder sie sich nicht einmal besonders lohnt. Wie man mit einander widersprechenden Wünschen und Bedürfnisse umgeht. Untersuchen wir also zunächst, was Konflikte überhaupt sind.

Das Wesen von Konflikten

Konflikte entstehen in unserem Inneren. Sie entstehen, weil wir uns an das klammern, was wir mögen, und das von uns weisen, was wir nicht mögen. Dabei kann es sich um Glaubenssysteme, materielle Dinge oder Gefühlsmuster handeln. Ein Konflikt entwickelt sich, wenn das, woran wir uns klammern oder was wir zurückweisen, im Widerspruch steht zu dem, woran sich jemand anders klammert oder was andere zurückweisen. Die Stärke des Konfliktes hängt davon ab, in welchem Ausmaß jeder der Beteiligten seine Position verteidigt.

Wir sind von Konflikten umgeben. Selbst wenn Sie nicht mit der Förderung des Weltfriedens beschäftigt sind oder wenn Sie sich kaum um das kümmern, was sich jenseits der Grenzen Ihres Grundstücks ereignet, können Sie Konflikten nicht entgehen. Kriege brechen nicht nur an der Grenze zweier Staaten aus. Auch in den Konferenzräumen unserer Unternehmen sammelt sich genügend Konfliktstoff. Wir tun also gut daran, uns um dieses Thema zu kümmern, statt ihm auszuweichen.

Dafür gibt es zwei Ansatzpunkte. Sie können sich vornehmen, Ihre eigenen Wünsche zu verändern bzw. zu reduzieren, oder Sie können versuchen, dies bei anderen zu tun. Vieles von dem, was mit dem Begriff Diplomatie umschrieben wird, beschäftigt sich mit der zweiten Alternative: der Veränderung oder Beschneidung der Wünsche anderer. Die Kunst der wahren Konfliktvermittlung besteht darin, dass beide Seiten ihre Ansprüche zurückfahren oder verändern.

Wie man Konflikte entschärft

In eine Konfliktsituation gehen wir normalerweise mit der Haltung hinein, dass unsere eigenen Wünsche und Bedürfnisse Vorrang haben vor den Wünschen und Bedürfnissen der anderen. Manche Leute verhalten sich dabei wie gerissene Verkäufer. Sie versuchen den Kunden davon zu überzeugen, dass das, was er will, und das, was sie wollen, doch ein und dasselbe sei. Meistens ist dies nicht der Fall.

Dieser Ansatz hat jedoch eine Schwachstelle. So geschickt man auch die Wünsche des anderen manipuliert, die Ursachen des Konflikts bleiben doch bestehen. Anhaftung und Abwehr bleiben so stark wie zuvor. Man setzt sich einfach nur über den Wert der Wünsche und Bedürfnisse der anderen Person hinweg.

Statt dessen sollte man sich bemühen, die Wünsche und Bedürfnisse der anderen zu respektieren. Man sollte seine eigenen Ansprüche sorgfältig daraufhin prüfen, was wirklich wichtig ist und was nicht. Dazu muss man wieder einmal mit den eigenen Gefühlen, speziell mit den Mustern des Verlangens und der Abwehr arbeiten. Mit Hilfe der Übungen in Teil II können Sie untersuchen, wie Ihre Muster von Verlangen und Abwehr mit den entsprechenden Mustern Ihrer Mitmenschen und Ihrer Kollegen interagieren. Vielleicht wird Ihnen schmerzhaft bewusst, welche Macht diese Wünsche haben – Ihre eigenen und die der anderen. Als nächstes gehen Sie dann dazu über, sich selbst in Konfliktsituationen besser zu beobachten.

Sich selbst besser kennen lernen

Untersuchen Sie zunächst, was Sie bereits über sich wissen. Speziell Ihr Tagebuch kann Ihnen dabei helfen. Suchen Sie darin nach Beispielen für Konflikte, die zwischen Ihnen und Ihrer Umgebung, auch Ihrer Arbeitsumgebung, aufgetreten sind. Falls Sie sich schon mit Ihren Emotionen und Verhaltensmustern beschäftigt haben, sollte es hier keine allzu großen Überraschungen geben.

Versuchen Sie herauszufinden, ob Ihre Konflikte nach bestimmten Mustern ablaufen. Wählen Sie dazu aus Ihren Tagebuchaufzeichnungen ein bestimmtes Ereignis aus, das dafür besonders typisch ist. Stellen Sie sich die Szene noch einmal deutlich vor. Sollte die Erinnerung daran besonders schmerzlich sein, können Sie die Übung »Die Klärung von Schuld« (Seite 143–146) durchführen. Versuchen Sie, Ihr eigenes Erlebnis so objektiv wie möglich zu sehen. Untersuchen Sie vor allem, wie der Konflikt entstanden ist und wie er endete. Betrachten Sie sich selbst und die übrigen beteiligten Menschen und Organisationseinheiten so, wie es ein neutraler Beobachter tun würde. Decken Sie die Muster auf, die es schon in Ihrer Vergangenheit gegeben hat und die sich vermutlich auch in Zukunft wiederholen werden. Machen Sie, falls erforderlich, dazu einige Notizen.

Die Überwindung des eigenen Glaubenssystems

Wie das Sprichwort sagt: Im Nachhinein ist man immer schlauer. Wäre es nicht schön, wenn Sie das, was Sie jetzt wissen, auf Ihre Vergangenheit anwenden könnten? Jedenfalls wäre es sehr nützlich, wenn es eine Zauberformel gäbe (möglicherweise steht sie ja weiter hinten in diesem Buch), mit der sich künftige Konfliktsituationen entschärfen ließen. Das Vorhaben ist deshalb so schwierig, weil es mindestens ebenso viele Gründe für Konflikte gibt, wie es Menschen gibt. Das Leben ist nicht so einfach oder so langweilig, dass es sich in eine Formel pressen ließe.

Vielen Konfliktsituationen liegen konstante emotionale Muster zugrunde. Sobald es Ihnen gelingt, diese Muster in Ihren eigenen Konfliktsituationen aufzudecken, können Sie Ihren persönlichen Friedensplan aufstellen.

Ein zentrales Muster hat mit der Beziehung zwischen dem Konflikt und unseren persönlichen Glaubenssystemen zu tun. Jeder Mensch glaubt an etwas – und sei es, dass er glaubt, an nichts zu glauben. Oft halten wir an solchen Glaubenssätzen so stark fest, dass wir sogar bereit sind, dafür zu kämpfen. Viele Glaubensüberzeugungen sind sehr stark mit Liebe und Hass, also mit intensiven Gefühlen des Verlangens und der Abwehr, verbunden. Eigentlich sind unsere Glaubensüberzeugungen nichts anderes als die Manifestation starker Gefühle in Form von Verhaltensmustern.

Eine unserer stärksten Überzeugungen betrifft den Glauben an unsere eigene Dauerhaftigkeit und Solidität. Wenn Ihr Chef sich über Ihre besten Ideen für das Marketing des neuen Hustensaftes lustig macht, ist es so, als würde man Ihnen ein scharfes Messer zwischen die Rippen jagen. Sie fühlen sich im wahrsten Sinne des Wortes tödlich verletzt und kämpfen ums Überleben. Falls hingegen der stellvertretende Vorstandsvorsitzende beim vierteljährlichen Verkaufstreffen Ihren Namen lobend erwähnt, werden Sie fünf Zentimeter größer. Sie spüren die Energie, und Sie wissen, Sie werden sich voller Kraft für die gemeinsame Sache einsetzen. Glaubenssysteme bringen wichtige Werte ins Leben. Sie schaffen Sinn und Ziele. Aber sie bilden auch den Anlass für Konflikte, da unsere Glaubenssysteme nie genau mit denen der anderen übereinstimmen. Wir können nicht alle Überzeugungen von anderen akzeptieren. Normalerweise wollen wir eher, dass alle anderen unsere Überzeugungen teilen. Wenn wir darauf bestehen, ist der Keim für künftige Konflikte gesetzt.

Vermutlich hat jeder schon einmal mit Kolleginnen oder Kollegen zu tun gehabt, die sehr starke Überzeugungen in Bezug auf sich selbst oder das Unternehmen hatten. Sie reichen von der Überzeugung, was mit dem zu geschehen hat, der sich den letzten Kaffee nimmt, bis hin zu dem Wissen, wer sich in Wirklichkeit um den Produktionsablauf kümmern sollte. Starke Glaubenssätze äußern sich auf verschiedene Weise. Manche Menschen wollen alles bis zum Ende ausdiskutieren. Wegen jeder Kleinigkeit gibt es Streit. Solche Leute machen jede Besprechung zur Qual. Andere scheinen ständig unter ihren Überzeugungen zu leiden. Alles, woran sie glauben, wird fortwährend bedroht. Wenn es keine Kaffeesahne mehr gibt, fühlen sie sich persönlich verfolgt. Soll zum Beispiel ein neues Feld in ein Formular eingeführt werden, nachdem die Programmierung eigentlich fertig ist, kann das den Stoff für eine ganze Woche persönlicher Qualen liefern.

In jedem Fall läuft es darauf hinaus, dass ein Beteiligter recht hat (ich) und eine Beteiligte unrecht (die andere). Der eine gewinnt, und die andere verliert. Es gibt ein »Richtig« und ein »Falsch«, und irgendjemand hat die – selbstgeschaffene – Grenze zwischen beidem überschritten. Ein Konflikt ist hier die einzige »Lösung«.

Ein Glaubensystem ist jedoch ein zweischneidiges Schwert. Es kann uns dabei helfen, dass wir uns auf die Dinge im Leben konzentrieren, die wirklich wichtig sind, und uns damit von Unwichtigem fernhalten. Es kann uns aber genauso bei unserer persönlichen Entwicklung behindern. Starkes Verlangen und starke Ablehnung können uns daran hindern zu erkennen, was in einer Situation angemessen wäre und was zum Nutzen aller getan werden muss.

Kehren Sie noch einmal zu der typischen Konfliktsituation zurück, die Sie zuvor identifiziert haben, und untersuchen Sie, welche Überzeugungen Sie zum Zeitpunkt ihres Entstehens hatten. Möglicherweise war es so, dass die betreffenden Glaubenssätze extrem stark waren. Vermutlich sind sie es immer noch. Der Entwurf für das neue Formular war richtig; der Kundendienst darf keine Kreditentscheidungen fällen. Ich weiß, dass ich Recht habe und die andere Person Unrecht.

Betrachten Sie solche Konflikte einmal aus der Perspektive Ihrer eigenen Suche nach Glück. Beziehen Sie auch Ihre Glaubenssätze in diese Untersuchung mit ein. Sehen Sie sich an, woran Sie glauben und weshalb. Und überprüfen Sie, wie sich Ihre Überzeugungen auf andere auswirken. Wenn Sie erkennen, welche Probleme diese Überzeugungen Ihnen selbst bereiten, hören Sie vielleicht auf zu glauben, Sie seien stets im Recht und die anderen immer im Unrecht. Möglicherweise erkennen Sie, dass die wichtigsten Glaubenssätze diejenigen sind, die die Menschen zusammenführen – und nicht diejenigen, die sie voneinander trennen.

Dem Druck standhalten

Unsere Business-Persönlichkeit ist ein ganz besonderes Glaubenssystem. Sie kommt uns sehr real und sehr solide vor und verkörpert unzählige Vorannahmen darüber, was »richtig« und was »falsch« ist. Sobald sich etwas ereignet, beispielsweise eine Kritik oder eine abweichende Meinung, was unseren Vorannahmen widerspricht, reagieren wir sofort defensiv. Und aus dieser Defensivhaltung speist sich der Konflikt. Besonders unangenehm ist, dass derartige Konflikte dazu neigen, sich fortzupflanzen. Ihre Chefin schreit Sie an, Sie fauchen die nächstbeste Person an, die Ihr Büro betritt, und diese Person wiederum geht nach Hause und streitet sich mit der Familie. Konflikte sind ausgesprochen fortpflanzungsfreudig. Wenn Ihre Business-Persönlichkeit immer Recht bekommen muss, wird sie jeden Anschein des Gegenteils mit aller Kraft bekämpfen. Je stärker wir uns an unsere Glaubenssätze klammern, desto solider und dauerhafter werden sie und desto wahrscheinlicher geraten wir in Konflikte.

Durch die Überprüfung Ihrer Konfliktmuster erkennen Sie allmählich, dass Sie eine Vielzahl der selbstgemachten Sorgen und Probleme vermeiden könnten, wenn Sie die Festigkeit Ihrer Überzeugungen etwas lockern würden. Das soll aber nicht heißen, dass Sie nun jedem nach dem Mund reden oder jegliche Kritik kommentarlos hinnehmen müssen. Das Vermeiden von Konfliktsituationen um jeden Preis kann ebenso sehr ein emotionales Muster des Anhaftens oder Vermeidens sein wie jedes andere. Der Normalfall sollte sein, dass nicht jede Meinungsverschiedenheit automatisch zu einem Konflikt führt.

Konflikten vorbeugen

Jeder Konflikt durchläuft drei Phasen: die Anfangsphase, in der sich das Konfliktpotential zum ersten Mal zeigt; die mittlere Phase, in der sich der Konflikt voll entfaltet; und die Schlussphase, in der der Konflikt abklingt. Sofern es sich nicht um eine überraschende Invasion vom Mars handelt, können wir meistens lange im Voraus erkennen, wie sich ein Konflikt ankündigt – jedenfalls, wenn wir einigermaßen aufpasssen. Die Bedingungen, die zum Konflikt führen, bauen sich allmählich auf. Oft sind es einfache Vorlieben oder Abneigungen. Bei Ihrer Arbeit mit Konflikten sollten Sie jetzt also darauf achten, welche Vorlieben und Abneigungen Sie haben und welches Potential für mögliche Konflikte darin steckt. Erkennen Sie, dass Ihre Vorlieben und Abneigungen alles beeinflussen, was Sie tun, sagen und denken. Doch Sie sollten nicht nur auf Ihre eigenen Vorlieben und Abneigungen achten, sondern auch auf diejenigen Ihrer Kolleginnen und Kollegen. Hierfür gibt es wieder zwei Hilfsmittel: Das erste ist die tägliche Schulung Ihrer Aufmerksamkeit während aller Aktivitäten. Das zweite sind Ihre Kontemplationen am Morgen und Abend eines jeden Tages. Wenn Sie innerlich ruhig genug geworden sind, können Sie mitten in den Arbeitssituationen das Spiel der verschiedenen Persönlichkeiten beobachten. Schauen Sie zu, was die anderen glücklich oder unglücklich macht. Bei Ihren Kontemplationen sollten Sie erkennen können, wie diese Präferenzen sich auf Ihre eigenen Gefühle auswirken. Gibt es eine Kollegin, über die Sie sich allmählich immer mehr aufregen? Kann Ihr eigener Arbeitsstil möglicherweise andere irritieren? Entwickelt sich bei Ihnen gerade eine Abneigung, mit jemand Bestimmtem zu sprechen? Gibt es jemanden, der es vermeidet, mit Ihnen zu sprechen? Und was sind die Gründe?

Wenn Sie nur ein bisschen Fleiß in die Schulung der Aufmerksamkeit und Ihre täglichen Kontemplationen investieren, werden Sie rasch lernen, das Verhalten anderer Menschen vorauszusehen: Wer kann gut mit wem zusammenarbeiten? Wer wird miteinander in Streit geraten? Wer wird die Initiative ergreifen, und wer wird sich lieber führen lassen? Es gibt sehr viele Untersuchungen und Bücher zum Thema Persönlichkeitstypen und Gruppendynamik, mit denen Sie Ihren Beobachtungen einen theoretischen Unterbau geben können. Seien Sie jedoch gewarnt, dass all diese Ein-Tages-Seminare und Motivationstheorien ohne die tägliche Übung der Aufmerksamkeit und ohne die täglichen Kontemplation nicht sehr viel nützen werden.

Vorauszusehen, wie sich andere verhalten werden, ist das eine;

den Entwicklungen eine andere Richtung zu geben, ist eine andere Sache. Der nächste Schritt besteht also darin herauszufinden, wie man sich bei Konflikten konstruktiv verhalten kann.

Konfliktbewältigung

Als erstes sollte man sich klar vor Augen führen, dass unser Ziel nicht darin besteht, den Krieg zu gewinnen, sondern ihn zu vermeiden. Ein etwas problematischer Nebeneffekt unseres zunehmenden Verständnisses der Persönlichkeitstypen besteht darin, dass man dieses Wissen missbrauchen kann, um andere zu manipulieren. Ebenso kann die Einsicht, was andere wirklich möchten oder nicht möchten, verwendet werden, um Entscheidungen zu manipulieren. Gemessen an dem Ziel, anderen (einschließlich sich selbst) zu dauerhafter Zufriedenheit und dauerhaftem Glück zu verhelfen, führen solche Manipulationen aber nicht weiter, denn sie stabilisieren nur unsere Business-Persönlichkeiten. Statt Menschen und Situationen zu manipulieren, ist es viel wichtiger zu bestimmen, was das Beste für das Unternehmen oder die Organisation ist, für die man tätig ist, und dann zu tun, was dafür notwendig ist. Manchmal kann es bedeuten, dass man einiges von seinem persönlichen Territorium aufgeben muss.

Um dahin zu gelangen, müssen Sie zunächst herausfinden, auf welche Weise Sie zu Konflikten beitragen, und das entsprechende Verhalten wirklich ändern. Durch die Arbeit mit den aufeinander aufbauenden Übungen in Teil II können Sie mit sich selbst auf einer viel tieferen Ebene in Kontakt kommen. Auf diese Ebene sind Sie bisher nicht sehr oft gelangt. Sie müssen sich auf dieser Ebene kennen lernen, um Ihre Motivationen zu verstehen. Und dies wiederum kann dazu beitragen, dass Sie Ihre so festen und geschlossenen defensiven Positionen leichter aufgeben können.

Die Auflösung des Konflikts

Sie werden feststellen, dass in einer entstehenden Konfliktsituation die Offenheit und Freundlichkeit, die Sie durch die Übungen entwickelt haben, sehr hilfreich sein können. Mit dem intellektuellen Skalpell der täglichen Kontemplationen können Sie die persönlichen Anhaftungen durchtrennen, die den Konflikt fördern. Gleichzeitig hilft Ihnen die Offenheit, die Anhaftungen Ihrer Kollegen leichter zu akzeptieren und zu tolerieren.

Versuchen Sie, schon beim ersten Anzeichen eines Konflikts zu erkennen, in welcher Weise Ihre eigenen Verhaltensweisen dazu beitragen. Verhalten Sie sich stur, herablassend oder einfach nur dumm? Oder bauen Sie gerade eine Position auf und nehmen für die eine oder die andere Seite in einer Entscheidung Stellung? Analysieren Sie die Situation während Ihrer täglichen Kontemplation, und entscheiden Sie, woran Sie arbeiten sollten.

Möglicherweise müssen Sie sich intensiv um bestimmte Charaktereigenschaften kümmern, um starken Ärger oder um frustrierten Ehrgeiz. Hier können die Übungen »Das heilende Licht« (Seite 165–171), »Die äußeren Elemente« (Seite 158–165) und »Die inneren Elemente« (Seite 193–200) sehr hilfreich sein.

Es ist wichtig, dass Sie mit sich selbst auf einer nonverbalen Ebene in Kontakt treten. Ihre emotionalen Muster haben sich doch bereits angefangen zu verfestigen, bevor Sie sich mit Worten ausdrücken konnten. Malen und Zeichnen, die Arbeit mit Ton oder der Tanz sind wunderbare Formen, um mit unseren tiefsten Gefühlen in Verbindung zu kommen. So kann ein Konflikt das Tor zu unserem Innersten öffnen und eine einmalige Gelegenheit zur Selbsterkenntnis bieten.

Wenn sich ein Konflikt nicht auflöst

Es kann jedoch passieren, dass sich ein Konflikt nicht auflösen lässt, egal was wir unternehmen. Vielleicht sind wir selbst nicht in der Lage, eine bestimmte Vorliebe aufzugeben, oder vielleicht gelingt dies der anderen Person nicht. Jedenfalls steht ein Kampf bevor. Hier muss man sich nun eine sehr ernste Frage stellen: »Ist es diese Sache wert, dass man darum kämpft?«

Es mag sein, dass es, von einer sehr hohen und idealen Ebene betrachtet, nichts gibt, wofür es sich zu kämpfen lohnte. Doch in der realen Welt scheint anderes zu gelten. Die meisten Menschen sind davon überzeugt, etwas zu haben, was es wert ist, verteidigt zu werden, für das sie sogar kämpfen würden. Es stellt sich die Frage, welche Dinge das sind und wie man sie erkennen kann.

Wenn eine Mutter sieht, wie ihr Söhnchen gerade kochendheißes Wasser über die Katze schütten will, wird sie ihm den Wasserkessel wegnehmen. Sie weiß, dass es jetzt eine Auseinandersetzung geben kann. Aber sie weiß auch, dass es wichtiger ist, die Katze zu retten, als Streit mit dem Kind zu vermeiden. Sie weiß zudem, dass das Kind auf lange Sicht viel Schlimmeres erleben muss als diese nächste halbe Stunde der Auseinandersetzung, wenn sie ihm gestatten würde, die Katze zu quälen. Dieser Kampf ist also wert, geführt zu werden.

Überall im Leben gibt es Kessel mit heißem Wasser, kleine Jungen und Katzen. Die meisten Menschen haben jedoch sehr merkwürdige Prioritäten, für die sie kämpfen. Sie kämpfen wie Tiger, um sich im Straßenverkehr nicht abhängen zu lassen, aber die Verbesserung des öffentlichen Personenverkehrs ist ihnen keinen Kampf wert. Sie diskutieren heftig darüber, wem die Provision für einen bestimmten Verkauf zusteht, aber es ist Ihnen ziemlich egal, ob der Kunde auch das bekommt, wofür er gezahlt hat.

Viele Kämpfe werden begonnen, um unsere Business-Persönlichkeit zu schützen und zu fördern. Nicht der Erfolg des Teams ist das Ziel, sondern der persönliche Erfolg. Die Menschen kämpfen, weil sie sich bedroht fühlen. Die imaginäre Persönlichkeit, die sie mit so viel Mühe aufgebaut haben, steht unter Beschuss. Also kämpft man, um sie zu schützen.

Ist es also ein Wunder, dass Unternehmen so unproduktiv sind, wie wir es erleben? Die Energie der Mitarbeiter erschöpft sich fast vollständig in dem Versuch, das eigene Selbst zu schützen und zu vergrößern; für die Arbeit bleibt da wenig übrig. Und für die anderen schon gar nichts.

Es ist eine sehr persönliche Entscheidung, wofür man bereit ist zu kämpfen und wofür nicht. Hier kommen Begriffe wie »Charakter« und »Ehre« ins Spiel. Bei der Arbeit an sich selbst werden Sie feststellen, dass Sie auf ganz natürliche Weise immer wieder neu überprüfen, was für Sie wichtig ist und wofür es sich zu kämpfen lohnt. Ist es wirklich entscheidend, dass jeder Erfolg Ihrer Abteilung auf Ihr Konto gebucht wird? Ist es wirklich wichtig, den Etat eines Kollegen, den Sie nicht leiden können, zu blockieren? Müssen Sie über alles und jedes diskutieren? Können Sie manche Dinge auch so akzeptieren, wie sie sind, ohne dass Sie als Sieger dastehen?

Sie müssen herausfinden, was für Sie wichtig ist, und wie viel Energie Sie für Ihre Ziele einsetzen wollen. Schließlich geht es um das Erwachsenwerden dieses Kindes in Ihrem Inneren, das strampelt und schreit und seinen eigenen Willen haben will. Sobald Sie anfangen, an der Entwicklung Ihres wahren Selbst und nicht nur Ihrer Business-Persönlichkeit zu arbeiten, sind Sie dabei, wirklich erwachsen zu werden.

Vom Nutzen eines Konflikts

Vielen Menschen machen Konflikte Spaß. Es ist die einzige Gelegenheit bei der Arbeit, den eigenen Emotionen freien Lauf zu lassen. Das Spektrum der zur Verfügung stehenden Emotionen ist jedoch ziemlich begrenzt. Man hat die Wahl zwischen roher Wut und verfeinerter Wut. Auseinandersetzungen sind ein Festessen für die emotional Ausgehungerten. Sie lieben den Streit, weil er die einzige Nahrungsquelle ist, die man ihnen noch nicht verweigert hat. Denn der Verteidigungswall der Business-Persönlichkeit hat den Nahrungsnachschub für unsere Emotionen abgeschnitten. Das einzige, was diesen Wall in beiden Richtungen durchbrechen kann, scheint unser Ärger zu sein.

Wenn unsere Wut über eine bestimmte Situation zum Ausbruch kommt, dann ist sie sofort auch die Wut über alles andere. Dies ist eine der Gefahren im Umgang mit Konflikten und Aggression. Man ist nicht nur wütend, weil der Vorgesetzte unsere Idee für eine Produktentwicklung gestohlen hat, sondern weil auch ein früherer Vorgesetzter eine unserer Ideen gestohlen hat. Und wie war das damals mit unserem älteren Bruder ... Nur selten speist sich Ärger allein aus der gegenwärtigen Situation. Auch die unerlösten Gefühle aller vergangenen Situationen warten auf die Gelegenheit, freigelassen zu werden. Die Leichen im Keller wollen zu neuem Leben erweckt werden.

Weil wir noch keine effektive Methode gefunden haben, um mit den verletzenden Erlebnissen unserer Vergangenheit umzugehen, trägt jeder von uns allerhand emotionales Gepäck mit sich herum. Die alten Wunden sind nur schwach verheilt. Man stößt sich an der Tischkante, und es schmerzt viel mehr als nötig, weil die alte Verletzung nicht richtig behandelt wurde. Weil die Gefühle, die aus vergangenen Erfahrungen stammen, nicht richtig verarbeitet wurden, müssen wir den darin enthaltenen Schmerz immer wieder erleben. Dies ist also unser Programm: Wir schützen unsere alten Wunden.

Machen Sie sich daher klar, dass in jeder Konfliktsituation mehr auf der Tagesordnung steht, als unmittelbar sichtbar wird. Sobald in einem Konflikt intensive Emotionen und Verhaltensmuster nach oben gespült werden, wird unsere Business-Persönlichkeit diese scheinbare Schwäche sofort wahrnehmen und ihre

Verteidigungslinien verstärken. Doch mit zunehmender Selbsterkenntnis können wir dieser defensiven Tendenz widerstehen und
die Gelegenheit wahrnehmen, um noch einmal zu versuchen,
unsere vergangenen Schmerzen und Enttäuschungen zu verarbei-
ten.

Wir alle haben solch emotionales Gepäck, und meistens können wir es gut verstecken. Ein Konflikt ist jedoch eine Situation,
in der sich unsere Wunden nur schlecht verbergen lassen. Nutzen
Sie diese Möglichkeit, um mit Ihren verschütteten Frustrationen
Verbindung aufzunehmen. Wenn man es so betrachtet, sind
Konflikte nichts, was man zu fürchten hätte. Sie können eine
gute Gelegenheit sein, sich besser kennen zu lernen. Allerdings
muss man sich vorbereiten. Unsere psychologischen Barrieren
und Panzer müssen bereits weicher, flexibler und durchlässiger
geworden sein. Speziell in Zeiten von Auseinandersetzungen
kommt es also darauf an, mit den täglichen Kontemplationen
fortzufahren und die Kanäle zu den eigenen Emotionen offenzu-
halten.

Konflikte beenden

Die Art und Weise, wie Sie einen Konflikt beenden, kann ebenso
viel über Sie verraten, wie die Form, in der Sie den Kampf geführt haben. Viele Menschen klammern sich an Auseinandersetzungen. Sie suchen den Adrenalinstoß und das Machtgefühl –
vor allem natürlich, wenn sie siegen. Sie genießen auch die Erinnerung daran. In verdrehter Weise fühlen Sie sich dadurch be-
lebt. Für andere ist es genau umgekehrt. Schon der Gedanke an
einen neuen Konflikt bereitet ihnen Magenschmerzen. Sie würden alles tun, um nicht noch einmal durch diese Erfahrungen
gehen zu müssen. Nichts ist es wert, um das es sich noch zu
kämpfen lohnte. Von jetzt ab halten sie sich aus allem raus.

Beides sind extreme Positionen. Im ersten Fall kann man den

Gegner immer und immer wieder bestrafen, im zweiten wird man selbst immer wieder bestraft. Bestrafung hat jedoch nichts mit Konflikten zu tun. Nach einem Konflikt sollte man nicht vergessen, das wichtigste Gegenmittel zu nehmen – die Versöhnung. Dabei gibt es zwei Menschen, denen man verzeihen muss: sich selbst und dem anderen.

Dem Gegner zu verzeihen heißt, den Konflikt sowohl körperlich wie geistig loszulassen. Vielleicht kennen Sie die folgende buddhistische Geschichte: Zwei Mönche nähern sich einem Fluss. Es gibt keine Brücke, und man muss den Fluss zu Fuß durchqueren. Am Ufer steht eine junge Dame, die auf die andere Seite möchte, aber nicht will, dass ihr Kleid nass wird. Sie bittet die Mönche, sie hinüberzutragen. Der jüngere von beiden verneint und erklärt, dass ihnen der körperliche Kontakt zu Frauen verboten sei. Der ältere nimmt die Frau auf den Rücken und trägt sie hinüber. Dann setzen beide Mönche ihre Reise fort. Doch der jüngere kann sich nicht beruhigen. Nach einer Weile platzt es aus ihm heraus:»Wie konntest du das tun? Weißt du nicht, dass wir keine Frauen berühren dürfen?« Der ältere bleibt stehen und lächelt:»Trägst du sie immer noch? Ich habe sie am Flussufer abgesetzt.«

Tragen wir nicht alle solche jungen Damen, jungen Herren, Elefanten oder wer weiß was auf unseren Schultern herum? Im Umgang mit Konflikten müssen wir lernen, wann und wie wir die Last absetzen. Die Last, das sind unsere Vorwürfe und negativen Gefühle, die aus dem Konflikt stammen – insbesondere, wenn wir unterliegen. Ein Konflikt hört nicht mit dem letzten Schlag auf. Noch bevor der Krieg beendet ist, wird schon der nächste, noch gewaltigere Angriff geplant.

Konflikte verbrauchen viel Energie. Wenn das Verzeihen ausbleibt, bleibt man im Kreislauf der Gewalt gefangen. Wie bei dem jungen Mönch, der die Dame in seinem Geist nicht loslassen konnte, investieren wir immer neue Energie, um den Kampf fortzuführen. Konflikte sind also sehr teuer. Für ein Unternehmen bedeutet dies, dass Angestellte, die permanent mit der Führung oder Planung von Auseinandersetzungen beschäftigt sind, nicht besonders produktiv sind. Für ihre persönlichen Streitereien verschwenden sie nicht nur ihre eigene Zeit, sondern auch die aller anderen.

Konflikte rauben auch dann sehr viel Energie, wenn wir uns selbst die ganze Schuld daran geben. Schuldgefühle und Vorwürfe gegen sich selbst kosten zum Beispiel dadurch Energie, dass man versucht, alles wieder in Ordnung zu bringen. Es hat ein Problem gegeben, und die Dinge müssen repariert werden, doch selbst mit dem stärksten Kleber wird nichts mehr so sein wie vorher. Anstatt nach vorn zu blicken, wendet man viel Zeit für den Versuch auf, die Vergangenheit zu reparieren. Dahinter steckt die Unfähigkeit, die Tatsache zu akzeptieren, dass man selbst und dass andere Fehler machen.

Ob man es mag oder nicht, es gehört zu einem Konflikt dazu, dass hinterher jeder mit dessen Ergebnis leben muss. Konflikte verändern unsere Beziehungen. Das muss man akzeptieren. Diese Akzeptanz gehört wesentlich zum Prozess der Versöhnung. Es gibt zwei besonders geeignete Techniken, die Sie anwenden können, um nach einem Konflikt Ihr emotionales Gleichgewicht wiederzufinden, sich selbst und Ihrem Gegner zu verzeihen und mit Ihrem Leben weiterzumachen.

Die erste ist eine Kontemplation, die Sie während Ihrer abendlichen Sitzung machen können. Das Thema ist sehr simpel: Wir alle möchten glücklich sein, jeder einzelne von uns. Was gerade zwischen mir und der anderen Person vorgefallen ist, hat genau darin seinen Ursprung. Wir beide wollten glücklich sein. Jeder von uns hat auf seine eigene Weise versucht zu tun, was er oder sie für nötig hielt, um glücklich zu werden.

Wenn Sie das Gefühl haben, dass Sie etwas falsch gemacht haben, sollten Sie sich über die Gelegenheit freuen, etwas über sich zu erfahren, was Sie vorher nicht gewusst haben. Vielleicht verstehen Sie jetzt besser, was Sie glücklich macht und was nicht.

Fragen Sie sich: »Ist dies etwas, was ich auch auf andere Weise hätte lernen können? War dies vielleicht die einzige Möglichkeit, um diese Lektion zu lernen?«

Dasselbe gilt für die Lektion, die Ihr Gegner gelernt haben mag. Vielleicht hat auch er unter der Auseinandersetzung gelitten. Aber war es für ihn nicht vielleicht langfristig das Beste? War es das Beste für alle Beteiligten?

Denken Sie, wenn Sie können, freundlich an die anderen. Erinnern Sie sich an Ihre eigenen Mühen und Schmerzen. Vergegenwärtigen Sie sich, dass wir im Konflikt alle die Erfahrung des Schmerzes teilen. Nutzen Sie die Gelegenheit, um Mitgefühl für andere zu entwickeln.

Falls sich ein Konflikt nicht in einer für alle Beteiligten positiven Weise beilegen lässt, ist es hilfreich, wenn Sie Bedauern und Mitgefühl empfinden. Vielleicht konnte Ihr Gegner eine wichtige Lektion nicht lernen. Vielleicht haben auch Sie selbst eine bestimmte Lektion nicht gelernt. In diesem Fall kann es gut und notwendig sein, dass beide das entsprechende unglückliche Muster wiederholen müssen. Das ist nichts, worüber man sich freuen könnte.

Im zweiten Teil des Buches gibt es zwei Meditationsübungen, die Sie bei der Transformation Ihrer geistigen und emotionalen Muster unterstützen. »Freunde« (Seite 179–182) und »Universelles Mitgefühl« (Seite 200–204) können Ihnen helfen, auf einer tieferen Ebene mit Ihren Gefühlen des Verzeihens und des Mitgefühls in Kontakt zu kommen.

Die Steigerung der Produktivität

Nehmen Sie sich vor, demnächst einen Spaziergang zu machen. Wandern sie durch das Unternehmen, für das Sie arbeiten. Stellen Sie sich vor, wie es wäre, wenn es dort niemanden gäbe außer Ihnen, um all die Arbeit zu erledigen. Vergegenwärtigen Sie sich all das Können, all die Erfahrungen, die auf diesen Stühlen sitzen und an diesen Maschinen stehen.

Mit jedem Kollegen, den Sie sich zum Feind machen, schaffen Sie ein Hindernis für sich und das Unternehmen. Ganz gleich, ob dieser Mensch entlassen wird und Sie die Kosten seiner Arbeitslosigkeit mittragen müssen oder ob er zur Konkurrenz geht und das Unternehmen die Kosten in Form eines geringeren Gewinns mittragen muss, letztlich muss jeder zahlen.

Damit das Unternehmen produktiv sein kann, müssen alle kooperieren und an einem Strang ziehen. Niemand kann Erfolg haben, wenn der Rest des Teams scheitert. Ein konstruktiver Umgang mit Konflikten ist die entscheidende Maßnahme, mit der ein Unternehmen seine Produktivität wirklich steigern kann.

Zugleich tragen konstruktive Konfliktlösungen auch zu einer enormen Steigerung unserer persönlichen Produktivität bei. Man kann verschiedener Meinung sein, ohne deshalb einen Krieg anzufangen. Die anderen können mit Ihnen freizügig über ihre Ideen sprechen, weil sie wissen, dass sie nicht persönlich zurückgewiesen werden, falls Sie beide nicht einer Meinung sind. Sobald man anfängt, die Mauern einzureißen, können mehr Licht und frische Luft hineinkommen.

Wettbewerb:
Gewinnen und Verlieren

Weshalb drückt ihr immer den Schwächeren die Daumen?

KHENPO KARTHAR RINPOCHE

Der Sieg ist nicht alles – er ist das Einzige.

EIN AMERIKANISCHER FOOTBALLTRAINER

Im Geschäftsleben geht es um Wettbewerb. Es geht um Siegen und Verlieren. Jedenfalls ist das die allgemeine Meinung. Wenn dein Geschäft nicht erfolgreich ist, kannst du deine Hypothek nicht bezahlen, und deine Kinder müssen hungern. Die Botschaft lautet: »Wenn du nicht konkurrierst, kannst du nicht überleben.«

Unsere Welt ist geprägt von Konkurrenzverhalten. Wir leben in einer schrecklichen Zeit. Viele Länder scheinen entschlossen, andere zumindest ökonomisch zu vernichten. Wenn man dies alles betrachtet, wirkt es vielleicht sehr verlockend, sich von dieser Welt zurückzuziehen. Es könnte reizvoll erscheinen, ein Vermögen am Aktienmarkt zu machen und sich dann in ein ruhiges Häuschen auf dem Land zurückzuziehen. Wer dafür nicht die Geduld oder die Kenntnisse hat, sucht sich vielleicht einen nicht zu anstrengenden Job mit guten Pensionsaussichten und hält die Luft an, bis er 65 ist.

Stellen Sie sich jedoch einmal vor, was passieren würde, wenn alle »guten Menschen« sagen würden: »Das geht mich nichts an.

Das ist es einfach nicht wert«, und sich aus den aktuellen politischen und wirtschaftlichen Auseinandersetzungen zurückziehen würden. Was würden die übrigen dann machen? Es gibt mehr als genug Interessenten, die nur zu bereit wären, sich um alles zu kümmern (vorausgesetzt, es springt etwas für sie dabei heraus) und die Entscheidungen für uns zu treffen. Es ist nicht anzunehmen, dass diese Entscheidungen in unserem Interesse liegen werden.

Beim Wort »Mitgefühl« stellen sich die Menschen keinen Krieger im Wettbewerb vor, sondern denken eher an sanftere Verhaltensformen. Wenn man Mitgefühl jedoch in einem sehr umfassenden Sinn versteht, kann es sein, dass das Freundlichste und am meisten von Mitgefühl Geprägte, was wir tun können, der engagierte und energische Versuch ist, sichere und harmonische Verhältnisse zu schaffen, in denen wir unsere spirituelle Entfaltung verwirklichen können.

Um eine von Mitgefühl geprägte Gesellschaft zu schaffen, braucht man mehr als freundliche Gedanken und gute Absichten. Man muss lernen, sich dem Wettbewerb der anderen auf gleicher Ebene zu stellen. Man muss lernen, sich gegen solche Menschen und Organisationen zu stellen, die unsere Interessen keineswegs teilen und eine ganz andere Welt im Auge haben. So sehr wir es uns auch wünschen mögen, es würde nicht funktionieren, wenn wir uns unserer sozialen Verantwortung entziehen, uns in eine Höhle oder ein Landhaus zurückziehen und lauter glückliche Gedanken denken. Vielmehr muss unser Mitgefühl kraftvoll und furchtlos sein. Sie müssen lernen, sich dem Wettbewerb zu stellen. Sie müssen lernen zu siegen – und zu verlieren.

Die erste und wichtigste Lektion ist, zu erkennen, wann sich Wettbewerb lohnt. Die meisten Menschen konkurrieren um Dinge, die völlig unnütz und zudem schädlich für ihre körperliche, emotionale und spirituelle Gesundheit sind – ganz zu schweigen von der körperlichen, emotionalen und spirituellen Gesundheit der anderen. Das liegt daran, dass sie den Wettbewerb auf falsche Art und Weise und aus den falschen Gründen führen. Und falls sie »Erfolg« haben, dann erreichen sie ihre Ziele in der falschen Weise.

Die meisten Menschen können sich keinen Wettbewerb ohne Konflikt vorstellen. Die beiden Begriffe scheinen synonym zu sein. Hier fängt das Problem an, denn es ist ein Missverständnis, dass Wettbewerb und Konflikt notwendigerweise miteinander verbunden sind. Ein gesundes, konstruktives Verständnis von Wettbewerb verlangt, dass die beiden Begriffe sauber getrennt werden. Gesunder Wettbewerb, Gewinnen und Verlieren, hat nichts zu tun mit Konflikt im Sinne von Wut und Aggression. Vielmehr streben wir im Wettbewerb nach der größtmöglichen Entfaltung unseres Potentials von Mitgefühl und Freundlichkeit. Wettbewerb macht es möglich, das Gute, das wir wollen, in unserer Arbeit und im sonstigen Leben zu verwirklichen.

Vielleicht kommt uns all dies irgendwie bekannt vor. »Befreie dein wahres Potential ... Strebe nach dem maximalen Erfolg ...« Mit solchen Sätzen beginnen die meisten Strategien zum persönlichen Wachstum. Seien Sie jedoch gewarnt: Es ist gefährlich, die eigene Entwicklung dadurch fördern zu wollen, dass man als Erstes lernen will, ein besserer Wettbewerber zu sein. Ohne ein Verständnis für die eigenen Aggressionsmuster wird ausgeprägtes Wettbewerbsverhalten diese Muster nur verstärken. Das Ergebnis wird eine wachsende Unzufriedenheit hinter der Maske scheinbaren Erfolgs sein. Pseudo-Erfolge verhindern eigentlich nur, dass wir erkennen, wie unbefriedigend die Spaltung zwischen innerem Selbst und Business-Persönlichkeit ist. Sie betäuben nur den Schmerz. Man hat ein schmerzendes Bein und nimmt Heroin, um weiter laufen zu können.

Beim Wettbewerb befinden wir uns im aktiven Kontakt mit der Welt, und dies wirkt sich sehr direkt und tiefgreifend auf uns und unsere Kolleginnen und Kollegen aus. Der Wettbewerb bringt unsere innersten Wünsche, Gewohnheiten und Gefühlsmuster an die Oberfläche. Insofern sollten wir uns die Sache gut überlegen. Bevor man sich in ernsthafte Konkurrenz begibt, sollte man wenigstens ein Grundverständnis der eigenen Wünsche, Gewohnheiten und Gefühlsmuster haben. Wir brauchen nicht nur die Bereitschaft, sondern auch die Fähigkeit, die Verantwortung für unsere Handlungen und deren Resultate, wie auch immer sie sein mögen, zu übernehmen. Innere Reife und geistige Stabilität sind gefragt.

Zum Glück haben Sie bereits begonnen, an sich zu arbeiten, um sich selbst und andere unter schwierigen Umständen besser zu verstehen. Dies ist eine gute Vorbereitung. Natürlich sind Sie noch nicht perfekt oder gegen etwaige Fehlschläge gefeit, doch Sie können nun den Wettbewerb aufnehmen, ohne befürchten zu müssen, sich oder andere in unzulässiger Weise zu verletzen.

Die Dynamik des Wettbewerbs

Wettbewerb ist eine Form, in der wir auf die durchaus nicht von Mitgefühl geleiteten Ziele anderer reagieren, die unsere altruistischen Ambitionen nicht teilen. In solchen Situationen denken wir zunächst nur an das eine: Überleben! Gesunde Konkurrenz kann jedoch wesentlich mehr sein als ein bloßer Abwehrmechanismus. Beginnen wir die Untersuchung mit uns selbst.

Untersuchen Sie während Ihrer abendlichen Sitzung Ihr eigenes Wettbewerbsverhalten. Spielen Sie Golf oder Tennis? Streben Sie eine höhere Position an? Bewerben Sie sich um ein besonders ergiebiges Verkaufsgebiet? Sehen Sie in Ihrem Tagebuch nach, ob Sie weitere Aufzeichnungen über derartige Konkurrenzsituationen haben. Wie verhielten Sie sich in diesen Situationen? Welche Gedanken hatten Sie, speziell über die anderen?

Möglicherweise entdecken Sie dabei an sich selbst einige Ecken und Kanten. Haben Sie fair gespielt? Haben Sie darauf gewartet, dass der Gegner einen Fehler machte, und sich vor Freude kaum halten können, wenn er es tat? Haben Sie Ihre animalischen Instinkte gespürt? Haben Sie auf den Gefühlen der anderen herumgetrampelt? Inwiefern verhalten Sie sich in anderen Situationen vollkommen anders, zum Beispiel, wenn Sie im Urlaub sind? In welcher Rolle mögen Sie sich mehr? Unter Konkurrenzbedingungen treiben wir uns richtig nach vorne. Wir testen Grenzen – unsere eigenen und die der Umwelt. Dadurch fühlen wir uns oft körperlich und emotional unwohl. Wir werden gezwungen, gegen unsere Gewohnheiten zu handeln. Das irritiert uns. Wir müssen sehr hart arbeiten, während wir lieber vor dem Fernseher auf der Couch säßen. Wir verzichten auf kurzfristige Belohnungen, um langfristig größere Ziele zu erreichen. Und wir vergleichen uns mit anderen. Wir erforschen uns, öffnen unseren privaten Bereich und fragen andere, ob wir unsere Sache gut machen oder nicht.

Wettbewerb ist etwas Wunderbares. Er erzeugt Sprünge im Lack unserer Projektionen. Wir lassen etwas von unserer zivilisierten Oberfläche los. Unsere Schranken fallen, weil wir weniger Energie für ihre Aufrechterhaltung einsetzen. Hier ist endlich eine Gelegenheit zur Kommunikation mit unserem inneren Selbst. Unsere innersten Gefühle haben die Chance, sich auszudrücken, und wir können beobachten, wie wir wirklich sind. Vielleicht ist der Anblick nicht erfreulich, aber er sollte uns interessieren.

Gesunder und ungesunder Wettbewerb

Ungesunder Wettbewerb zeigt sich darin, dass wir unsere Business-Persönlichkeit aufblasen, uns selbst groß und die anderen klein machen wollen. Eine gesunde Einstellung zum Wettbewerb kann zur Chance werden, unsere Projektionen abzubauen, kleiner zu werden und uns von unseren gedankenlos gepflegten Verhaltensmustern zu befreien.

Verschaffen Sie sich am Abend eine Übersicht über Ihr gegenwärtiges Konkurrenzverhalten. Gesund oder ungesund? Wurden Schranken aufgebaut oder abgebaut? Vielleicht zeigt es sich, dass Sie bedeutend mehr ungesunde als gesunde Verhaltensweisen an den Tag gelegt haben. Das mag Ihnen Sorgen machen, vor allem, wenn Sie gerade begonnen haben, sich durch Ihre meditativen Übungen etwas zu öffnen. Nur zu leicht kann man sich davon entmutigen lassen und jede Art von Wettbewerb aufgeben, weil man ihn für destruktiv hält. Ebenso leicht kann man in Mittelmäßigkeit zurückfallen und seine Ziele herunterschrauben, weil es unmöglich scheint, überhaupt etwas zu gewinnen. Irgendwann im Leben geben die meisten Menschen auf. Aber es hilft nichts. Wir werden nicht glücklicher, wenn wir unsere Träume aufgeben. Resignation und Schicksalsgläubigkeit sind nicht das gleiche wie Glück. Feiglinge sind nicht glücklich.

Bedauerlicherweise gibt es für dieses Problem keine schnellen Lösungen. Bei der Arbeit an uns selbst müssen wir Geduld haben. Manchmal machen wir dermaßen langsame Fortschritte, dass wir sie kaum bemerken. Mehr als alles andere zeigt Ihnen Ihr Wettbewerbsverhalten, also die Art, wie Sie sich das holen, was Sie wollen, ob Ihre geistigen Einstellungen eher gesund oder ungesund sind. An den begleitenden Gefühlen können Sie erkennen, in welchem Ausmaß Sie Ihre Umwelt direkt und in Farbe erleben, statt nur grau in grau. Je besser Sie in der Kunst des Wettbewerbs werden, je entschlossener Sie versuchen, das zu erreichen, was für Sie wichtig ist, desto mehr werden sich Ihre Einstellungen ändern. Der Reifeprozess geschieht Schritt für Schritt. Wenn man auf den Prozess des Wettbewerbs gut vorbereitet ist und ihn in der richtigen Weise betrachtet, dann bietet er eine ausgezeichnete Plattform, um das innere Selbst kennen zu lernen und zum Besseren zu verändern.

Eine andere Betrachtungsweise

Meistens unterscheiden wir beim Wettbewerb drei Elemente: uns selbst (die Helden), die Gegner (die Bösen) und das Spiel als solches (der Heilige Krieg). Wir halten diese Elemente für grundsätzlich voneinander getrennt, doch dies ist eine Illusion. Es gibt viele Arten von Gegnern. Externe Gegner können andere Personen oder Unternehmen sein, aber es gibt auch interne Gegner: mein eigener Hang zur Faulheit, meine schlechte Organisation, meine Fettzellen. Im Wettbewerb bauen viele Menschen künstliche Grenzen zwischen sich und ihren Gegnern auf. Oder noch zugespitzter: Sie betrachten ihre Gegner als ein Hindernis auf dem Weg zum ersehnten Ziel. Schließlich treten sie in den Wettbewerb ein, weil sie etwas erreichen wollen, wovon sie glauben, dass es zu ihrem Glück beiträgt. Da scheint die Sichtweise nur logisch, dass der Gegner nur verschwinden müsste, und der Weg zum Glück wäre nun frei. Und es scheint ebenso logisch, dass der Gegner schuldig ist – schließlich steht er im Weg –, wenn man unglücklich ist. Und so liegt der Schluss nahe, dass, wenn man selbst glücklich sein, also gewinnen will, notwendigerweise jemand anderes verlieren muss. Deshalb ist Wettbewerb fast immer von Konflikten geprägt.

Um diese Betrachtungsweise zu überwinden, muss man ganz zum Anfang zurückgehen. Man muss zurückgehen zu der Vorannahme, dass zwischen den beteiligten Parteien ein fundamentaler Gegensatz besteht. Mit diesem Irrtum fängt alles an. Wenn man an diese Spaltung glaubt, verkennt man den engen Zusammenhang der Beteiligten. Es ist so, als glaubte man, ein Fußballspiel gewinnen zu können, wenn man ganz allein auf dem Platz steht und außerdem ohne Ball spielt. Im Buddhismus gibt es einen sehr schönen Begriff für diese wechselseitige Abhängigkeit: »die Dreifache Reinheit«. Er soll ausdrücken, dass Sie (das Subjekt der Handlung), der Gegner (das Objekt der Handlung) und die

Handlung selbst nicht voneinander zu trennen sind. Alles andere ist eine Illusion.

Auf das Wirtschaftsleben angewandt bedeutet dies, dass ein Unternehmer leicht die Tatsache übersieht, dass die Mitbewerber und das Wettbewerbsumfeld tatsächlich ein Teil von ihm selbst sind. Außerdem sieht er nicht, dass der Wettbewerb ein integraler Bestandteil seines persönlichen und professionellen Wachstums ist. Er glaubt, sein Glück würde eher in den Bereich des Wahrscheinlichen treten, wenn es keinen Wettbewerb gäbe. Er ist davon überzeugt, glücklicher zu sein, wenn er nur zehn Stunden pro Woche arbeiten müsste. Er hält die Mitbewerber und die Wettbewerbssituation für die Ursachen seiner Probleme. In Wirklichkeit bilden sie die Lösung.

Man muss diese gegenseitige Abhängigkeit anerkennen und schätzen lernen, um den Wettbewerb von Konflikten und anderen destruktiven Gefühlsmustern zu befreien. Falls es so ist, dass wir selbst, der Gegner und die Wettbewerbssituation als solche untrennbar miteinander verbunden sind, dann kann unser persönlicher Erfolg nicht von diesem Prozess getrennt werden. Der Gegner steht nicht zwischen uns und unserem Glück – er bietet erst die Gelegenheit, dieses Glück zu erreichen. Insofern ist es viel sinnvoller, ihm mit Respekt und Dankbarkeit zu begegnen, statt mit Feindschaft. Natürlich ist das leichter gesagt als getan.

Man spricht heute gern von »Win-Win«-Situationen. Es ist ein viel benutztes Schlagwort geworden. Das gleiche gilt für »Partnerschaft«. Ebenso beliebt ist es geworden, Probleme als »Chancen« zu bezeichnen. Vielleicht enthalten diese Ausdrücke einen richtigen Kern.

Möglicherweise kann man »Win-Win« intellektuell verstehen, wenn man Probleme als »Chancen« ansieht, doch ist dies von einem emotionalen Verständnis noch weit entfernt. Man kann seinen Kunden »Win-Win« vielleicht verkaufen (jedoch kaum öfter als einmal), aber nicht praktisch liefern. Wie viele

Projekte werden tatsächlich damit abgeschlossen, dass alle Beteiligten glücklich sind? Wie viele Umstrukturierungen finden statt, ohne dass einige oder alle davon Betroffenen aufgebracht sind?

Die Befreiung vom Dualismus

Wirklich gute Geschäfte macht man in Beziehungen ohne Gegnerschaft. Doch es ist nicht leicht, dies dauerhaft umzusetzen. Um die Idee von »Win-Win« im Wettbewerb verwirklichen zu können, muss man erkennen, dass die Vorstellung der Getrenntheit eine Illusion ist, und das Konzept der Nicht-Dualität akzeptieren. Dies ist weit mehr als ein intellektueller Prozess. Der Anfang ist gemacht mit den Meditationssitzungen am Morgen und Abend. Im langsamen Ein- und Ausatmen kann man einen Augenblick lang die Vorstellungen von »ich« und »die anderen«, das Konzept der Dualität, loslassen. (Ohne Einatmen kann es kein Ausatmen geben, und umgekehrt.)

Vielleicht sind die Gedanken »ich« und »die anderen« in einer Sekunde wieder da. Aber diese eine Sekunde lang, während Sie aus dem Fenster oder in den unendlichen Raum hinein blicken, können Sie sie loslassen. Das mag Ihnen nicht als etwas Besonderes vorkommen, doch es ist ein Anfang, ein sehr wichtiger Anfang.

Wiederholen Sie diese Übung mehrmals am Tag. Sie gehen in die Aufmerksamkeit, halten einen Moment inne, machen einen tiefen Atemzug und erinnern sich an die Erfahrung von Harmonie und Nicht-Dualität.

Diese Erfahrung lässt sich mit den Übungen in Teil II sehr gut vertiefen. Im übrigen ist es das Beste, wenn Sie diese Übungen mit möglichst wenig Erwartungen oder Vorannahmen ausführen. Probieren Sie einfach aus, was passiert. Allerdings scheint es einen Zusammenhang zu geben zwischen unserer geistigen

Entspannung und der Befreiung von starken dualistischen Gefühlsmustern. Ein entspannter Geist neigt weniger zu Hass und Eifersucht. Ein entspannter Geist ist besser auf den Wettbewerb vorbereitet, weil er besser funktioniert.

Der Wettbewerb
und seine Ergebnisse

Eine gesunde Einstellung zum Wettbewerb schließt auch eine gesunde Einstellung zu den Ergebnissen des Wettbewerbs ein – dem Gewinnen und Verlieren. Auch dafür gibt es im Buddhismus wieder einen sehr schönen Ausdruck:»der gleiche Geschmack«. Ob man gewinnt oder verliert, der Geschmack ist der gleiche. Beide Erfahrungen haben den gleichen Wert.

Gewinnen und Verlieren sind relativ. Ein und dieselbe Aktivität, die unter völlig verschiedenen Umständen ausgeführt wird, kann zu völlig verschiedenen Ergebnissen führen. Ein Produkt, das in einem protektionistisch geschützten Markt als»Weltklasse« gilt, kann in einem offenen Markt zur drittklassigen Kopie herabsinken. Sieg oder Niederlage hängen entscheidend davon ab, gegen wen man im Wettbewerb antritt. Wenn man das eigene Glück nun davon abhängig macht, wer sich zufälligerweise am Markt befindet, dann überlässt man die Verantwortung für sein Glück den Launen des Schicksals. Wer wirklich glücklich sein will, muss sich vom Einfluss der anderen befreien.

Damit soll nicht gesagt werden, die Ergebnisse des Wettbewerbs sollten Ihnen gleichgültig sein. Jeder, der einmal einen echten Erfolg erlebt hat und das Gefühl kennt, sein Bestes gegeben zu haben und der Beste zu sein, möchte diese Art von Erfahrung nur ungern missen.»Gleicher Geschmack« bedeutet nicht Gleichgültigkeit gegenüber Sieg und Niederlage, sondern man akzeptiert den Schmerz einer Niederlage und gibt ihm den gleichen Wert wie der Freude über einen Sieg.

Hier helfen wieder die täglichen Übungen und Kontemplationen, die Angst vor der Intensität von Freude und Schmerz abzulegen. Sie lernen, damit umzugehen. Daraus entsteht eine gewisse Furchtlosigkeit in Bezug auf die gesetzten Ziele. Sie wissen, dass Sie abstürzen können – aber Sie werden dabei nicht umkommen.

Testen Sie bei Ihren Kontemplationen, wie weit Sie sich schon vorbereitet fühlen. Am besten eignet sich dafür ein Abend oder ein Wochenende, an dem Sie etwa zwei Stunden zusätzliche Zeit haben. Beginnen Sie damit, sich an ein Vorhaben zu erinnern, bei dem Sie etwas sehr stark gewollt haben und furchtbar gescheitert sind. Das kann eine Beförderung sein, bei der man Sie übergangen hat, oder eine Auszeichnung, die an jemand anderen verliehen wurde. Sehen Sie nach, ob Sie dazu entsprechende Tagebucheinträge haben. Versuchen Sie, mit Ihren damaligen Gefühlen in Kontakt zu kommen, mit der Enttäuschung und dem Schmerz. Meistens ist es ja so, dass wir vor solchen Erinnerungen zurückschrecken, besonders wenn wir uns damals sehr verletzt gefühlt haben. Widersetzen Sie sich dieser Tendenz. Vor allem, wenn Sie jemand sind, der seine Ruhmestaten im Geiste immer wieder durchspielt, sollten Sie sich auch an Ihre unrühmlichen Erlebnisse erinnern. Beide Arten von Erlebnissen müssen anerkannt werden.

Als nächstes gehen Sie dazu über, mit den sekundären Emotionen zu arbeiten, die ein enttäuschendes Erlebnis begleiten. Versuchen Sie, sich daran zu erinnern, wie Sie sich in den darauf folgenden Stunden, Tagen und Wochen verhalten haben. Wie fühlten Sie sich, und welche Gefühle haben Sie bei anderen ausgelöst? Waren Sie beleidigt? Haben Sie nach Entschuldigungen gesucht oder jemand anderem die Schuld gegeben? Wenn Schuldgefühle für Sie damit verbunden waren, kann vielleicht die Übung »Die Klärung von Schuld« auf den Seiten 143–146 ihr Bemühen unterstützen. Versuchen Sie, sämtliche Reste von Schmerz, Wut oder Bitterkeit zu klären.

Die Prüfung unseres sekundären Verhaltens, einer Folge unserer Gefühle in Bezug auf Sieg und Niederlage, ist ausgesprochen wichtig. Solches Verhalten entsteht, wenn wir vor dem Schmerz des Scheiterns zurückschrecken oder uns stark an die Freude über einen Erfolg klammern. In jedem Fall zeigt es uns sehr deutlich, wer wir wirklich sind.

Die Zeit, die Sie für diesen Prozess benötigen, richtet sich ganz danach, wie viel Material Sie durchzuarbeiten haben. Nehmen Sie sich die Zeit, denn wie wir bereits gesehen haben, üben unsere vergangenen Erfahrungen im Wettbewerb einen direkten Einfluss auf unsere gegenwärtigen und künftigen Erfahrungen aus. Wer die Vergangenheit versteht, kann Gegenwart und Zukunft besser verstehen.

Wiederholen Sie diese Übung an einem der folgenden Abende. Betrachten Sie diesmal ein Erlebnis, bei dem Sie wirklich erfolgreich waren. Erinnern Sie sich an die begleitenden Gefühle: die Freude, die Befriedigung. Arbeiten Sie dann auch wieder mit Ihren sekundären Emotionen und Handlungen. Wie haben Sie auf den Sieg reagiert? Waren Sie arrogant? Haben Sie abgehoben?

Diese Übung braucht man nicht sehr oft zu wiederholen, vielleicht ein- oder zweimal im Jahr. Später werden Sie vielleicht feststellen, dass Sie diese Übung jeweils im Abstand von einigen Monaten nach einer Wettbewerbserfahrung machen können, wenn Sie die Ergebnisse kennen und Zeit gehabt haben, Ihr eigenes Verhalten zu beobachten. So können Sie an Ihrem eigenen Maßstab überprüfen, ob Sie Fortschritte machen oder nicht.

Verlieren muss keine negative Erfahrung sein. Mit etwas Einfallsreichtum und dank der uralten Weisheit, die in Atishas *Sieben Stufen des Geistestrainings* zum Ausdruck kommt, lassen sich Verluste in Gewinne verwandeln. Jede Niederlage ist zum Beispiel eine besonders machtvolle Gelegenheit, um Mitgefühl zu entwickeln. Vergessen Sie nie mehr, dass es immer weh tut, wenn man verliert. Vielleicht können Sie jetzt die Menschen mit anderen Augen betrachten, die als »Verlierer« abgestempelt werden.

Die eigene Niederlage kann also dazu genutzt werden, um sich und andere neu zu sehen und wertzuschätzen. Auch ein Sieg ist eine fruchtbare Gelegenheit zur Entwicklung von Mitgefühl. Wer siegt, erlebt Freude, und die gleiche Freude sollten wir allen anderen wünschen. Im Durcheinander des Arbeitsalltags wird diese Freude allzu leicht vergessen. Jeder Sieg erinnert uns wieder daran. Die Herausforderung besteht darin, diese Freude zu bewahren und mit anderen zu teilen. Wenn wir uns im Wettbewerb befinden, erleben wir alles besonders intensiv. Dann transformieren wir diese Erfahrungen, um freundlicher, sanfter und sensibler zu werden. So gesehen macht es keinen großen Unterschied, ob wir gewinnen oder verlieren. Wir gewinnen auf jeden Fall.

Teamarbeit

Der allgegenwärtige Wettbewerb stellt uns auch dann vor besondere Herausforderungen, wenn es um Teamarbeit geht. Viele Unternehmen sind sehr groß. Sie umspannen verschiedene Kontinente, Kulturen und Sprachen. Ein Großteil der Arbeit geschieht in Form von Projekten. Einzelgänger können in der heutigen Geschäftswelt nicht mehr viel erreichen. Praktisch alle Ergebnisse werden heute von Teams erzielt, in denen alle Beteiligten an einem gemeinsamen Ziel arbeiten. Die Entwicklung eines neuen Fahrzeugmodells, die Implementierung eines globalen Computersystems, der Aufbau eines Telekommunikationssystems – an diesen Aufgaben arbeiten zahllose Menschen, die ihre Talente und Anstrengungen miteinander verbinden. Niemand kann mehr behaupten: Das habe ich ganz allein geschafft.

Unter diesen Voraussetzungen muss jeder lernen, seinen persönlichen Wettbewerb nicht mehr als einsamer Held, sondern als Mitglied eines fein aufeinander abgestimmten Teams zu führen, bei dem alle ein gemeinsames Ziel verfolgen. Wenn Sie solche

Teams zusammenstellen und führen müssen, ist ein gewisses Einfühlungsvermögen für die Probleme ihrer Mitarbeiterinnen und Mitarbeiter sicherlich hilfreich.

Eine besondere Herausforderung besteht heute darin, Teams im Rahmen umfassender Projekte zu führen. Jede Qualitätsverbesserung hat mit Teams zu tun. Viele Psychologen sind damit reich geworden, Modelle zu entwickeln, wie Teams funktionieren. Man kann aus solchen Studien eine Menge lernen, aber inzwischen haben Sie ja bereits selbst konkret erfahren, dass jede Gruppensituation förderlich ist, um mit dem Thema persönlicher Siege und Niederlagen zu arbeiten.

Bei jedem Team müssen die einzelnen Mitglieder ihren Arbeitsstil in die Arbeitsweise des übrigen Teams integrieren. Das ist nicht immer leicht. Viele Menschen finden Teamarbeit ausgesprochen unangenehm. Denn schließlich hat man dabei nicht nur auf das Ziel des Teams insgesamt zu achten, sondern auch auf mögliche Konkurrenzsituationen der einzelnen Mitglieder innerhalb des Teams. Diese beiden Zielsetzungen können stark voneinander abweichen, und viele Teams scheitern daran. Häufig werden der Erfolg des Teams und der individuelle Erfolg miteinander verwechselt. Entsprechend groß ist die Unsicherheit, in welcher Form und bei welchen Anlässen man miteinander in Wettbewerb treten soll. Dementsprechend wird sehr viel Energie in den Wettbewerb untereinander investiert, statt sie auf die gemeinsamen Ziele des Teams zu richten.

Ob wir uns dessen bewusst sind oder nicht, jeder von uns befindet sich in einem ständigen Wettbewerb mit anderen – um Zuneigung, Aufmerksamkeit, Macht oder Reputation. Teams geraten in Schwierigkeiten, wenn diese Wettbewerbsorientierung nicht genügend berücksichtigt und nach außen geleitet, sondern innerhalb des Teams gegeneinander gerichtet wird.

Durch die Schulung unserer Aufmerksamkeit können wir schneller erkennen, wenn sich unser Konkurrenzverhalten gegen uns selbst und unsere Teamkollegen richtet. Ist das der Fall, können wir zu geeigneten Gegenmitteln greifen. Das wirkungsvollste ist natürlich die geistige Reife, die aus einer konsequenten Arbeit mit den Übungen in Teil II entsteht. Auf diesem Fundament baut alles andere auf. Auch die Übung »Arbeit mit intensiven Emotionen« auf den Seiten 140–143 ist hilfreich. Bleiben Sie auch Ihrem Tagebuch treu, und nehmen Sie sich Zeit zum Malen, Spazierengehen in der Natur und für all das, was Ihnen hilft, sich zu entspannen.

Es besteht eine gewisse Versuchung, sich innerhalb eines Teams zu große Ziele zu setzen. Jeder im Team möchte der Star sein. Für den Anfang setzen Sie sich lieber bescheidenere Ziele, vor allem wenn Sie noch keine große Erfahrung mit Teamarbeit haben. Ihr erstes Ziel sollte es sein zu lernen, Ihren eigenen hartnäckigen Wettbewerbsinstinkt nicht mit den Zielen des Teams in Konflikt geraten zu lassen. Hören Sie auf, für die anderen wie ein Hindernis oder eine Plage zu wirken. Inzwischen sollten Sie wach genug sein, um zu erkennen, wann dies der Fall ist und wie Sie Ihr Verhalten ändern können. Diese Selbstüberwindung wird ein enormer Beitrag zur Harmonie und zum Erfolg eines jeden Teams sein, zu dem Sie gehören.

Die zweite Herausforderung liegt darin, mit dem eventuell gegen Sie gerichteten Konkurrenzverhalten der Teamkolleginnen und Teamkollegen zurechtzukommen. Natürlich können Sie versuchen, während der üblichen Besprechungen die Zähne zusammenzubeißen und die Angriffe über sich ergehen zu lassen. Vielleicht leiden Ihre Zähne darunter, aber Sie werden überleben. Mit dem Wissen, das Sie inzwischen über sich erworben haben, können Sie allerdings mehr anfangen. Sie können widrige Umstände in Vorteile verwandeln, indem Sie Irritation, Ärger oder Frustration als Gelegenheiten nutzen, um sich von genau den Anteilen in sich zu verabschieden, die irritiert, verärgert oder frustriert sind.

Wenn es jemandem gelingt, uns zu ärgern oder zu frustrieren, dann zeigt das, dass er eine schmerzende Stelle in uns getroffen hat. Es ist ihm gelungen, am Lack unserer Business-Persönlichkeit zu kratzen. Jetzt ist die Gelegenheit gekommen, von unserer alten Gewohnheit abzulassen, den Verteidigungsring rund um unsere Business-Persönlichkeit immer stärker und höher aufzubauen. Nutzen Sie die Angriffe, um diesen Verteidigungsring allmählich abzubauen. Jeder Ärger, jede Irritation oder Beleidigung kann Sie auch daran erinnern, dass Sie auf andere Menschen exakt die gleiche Wirkung ausüben. Die Anlässe mögen verschieden sein, doch Sie selbst enttäuschen und ärgern andere genauso, wie die es mit Ihnen tun. Stellen Sie sich vor, wie sich die anderen dabei fühlen müssen, und denken Sie dann darüber nach, was an Ihrem eigenen Verhalten möglicherweise zu verändern oder zu verbessern ist. Verwandeln Sie solche Situationen in ihr Gegenteil: Nehmen Sie die Irritationen als mahnenden Hinweis, wie Sie sich anderen Menschen gegenüber verhalten und mit welchem Verhalten Sie im Gegenzug rechnen können. Arbeiten Sie mit der zweiten Phase der Übung »Der Spiegel« (Seite 173–176).

Um es klar zu sagen, es geht nicht darum, dass Sie Ihre Business-Persönlichkeit verändern, ein Lächeln aufsetzen, während Sie unter der Oberfläche vor Wut kochen. Vielmehr sollen Sie direkt mit dem Ärger arbeiten, und ebenso auch mit Eifersucht, Faulheit, Selbstsucht und all den anderen destruktiven Bestandteilen Ihrer Persönlichkeit, die Ihnen und Ihrem Erfolg immer wieder im Wege stehen. Sie verfügen nun über ein Wissen darüber, wie Sie emotionale und mentale Reife entwickeln können, um dieses Vorhaben umzusetzen. Sie brauchen sich nicht mehr von Ihren Wünschen und Bedürfnissen treiben zu lassen. Sie können Ihre Ziele wählen, statt von ihnen gejagt zu werden.

Grenzen

Belade kein Pony mit der Last für ein Pferd.
DIE SIEBEN STUFEN DES GEISTESTRAININGS

Erledige das Schwierigste zuerst.
AKONG TULKU RINPOCHE

Es ist möglich, dass während Ihrer Arbeit mit den Übungen aus Teil II einige Probleme auftauchen. Vielleicht machen Sie sich Sorgen, dass sich keine oder die »falschen« Ergebnisse einstellen. Seien Sie sicher, dass Ihnen nichts Schlimmes passieren kann. Sie werden auf jeden Fall Fortschritte machen, egal wie langsam diese auch sein mögen. Es gibt nichts, was Sie dermaßen falsch machen könnten, dass es sich nicht wieder korrigieren ließe. Sie können sich also bei der Meditation und den Übungen ganz sicher fühlen, weil Sie wissen, dass Sie den Weg auch dann wiederfinden werden, wenn Sie die Übungen nicht ganz korrekt oder nicht oft genug ausführen. Sie dürfen sich so sicher fühlen, dass Sie hier und da sogar ein kleines Risiko eingehen können.

Allerdings wird es sich nicht vermeiden lassen, dass Sie früher oder später an Ihre eigenen Grenzen stoßen. Es mag so aussehen, als ob Sie zu keinerlei positiven Ergebnissen kämen, ganz gleich, wie buchstabengetreu Sie sich auch an die Übungen halten. Trotz aller Anstrengungen kann es sein, dass Sie dabei längere Zeit keine Freude verspüren. Es mag sogar so aussehen, als ob Ihr Leben schwieriger und nicht leichter würde. Oder aber Sie erleben große Widerstände dagegen, mit den Übungen anzufangen. Sie üben nicht regelmäßig oder ohne besondere Ordnung, oder Sie haben Mühe, die Übungen bis zum Ende durchzuhalten. Statt dass sich Ihre Aufmerksamkeit entwickelt, haben Sie den Eindruck, befangener zu werden. Es scheint Ihnen unmöglich, mit diesem Prozess zu arbeiten.

Es wäre eine ganz besondere Ausnahme, wenn jemand keinerlei Rückschläge erleben würde. Der Prozess, auf den man sich hier einlässt, ist keine Sache für ein Wochenende, sondern eher etwas für das ganze Leben. Im Laufe der Monate und Jahre, ja sogar Jahrzehnte, ist es normal, dass Schwierigkeiten auftreten. Die Arbeit an sich selbst ist keine einfache Sache. Zum Glück gibt es einige Hilfen.

Spezielle Hilfsmittel

Im Folgenden finden Sie Meditationen, Übungen und Techniken, die Ihnen bei den Problemen helfen, die bei der inneren Arbeit entstehen können. Einige Übungen sind identisch mit denen, die Sie auch sonst erledigen – außer dass sie jetzt vielleicht auf andere Weise oder in anderer Länge oder an einem anderen Ort auszuführen sind. Andere Techniken beschäftigen sich speziell mit bestimmten Problemen.

All diese hilfreichen Techniken – egal ob es nun um Probleme mit dem Prozess oder mit dessen Ergebnissen geht – beginnen auf die gleiche Weise: mit der Identifikation des Problems, das eine besondere Behandlung braucht. Dazu wendet man die schon bekannten Techniken an, und zwar dieses Mal, um zu prüfen, ob der Prozess als solcher gut verläuft. Meditation und Tagebucheinträge geben Aufschluss, wo Sie vom Wege abgekommen sind. Im Rahmen Ihrer täglichen Meditationen sollten Sie gelegentlich untersuchen, welche Fortschritte Sie dabei machen, Ihr eigenes Leben besser zu kontrollieren. Wie fühlen Sie sich? Sind

Sie jetzt glücklicher, entspannter und mehr in Harmonie mit Ihrer Umgebung? Und wie fühlen sich die anderen in Ihrer Gesellschaft? Haben sie mehr Vertrauen zu Ihnen? Respektieren oder mögen sie Sie mehr?

Die meisten von Ihnen werden berufstätig sein. Das heißt, Sie leben in einer Welt, in der man Ergebnisse verlangt. Sie haben mit Budgets, Produktionsquoten oder Projektterminen zu tun. Ihre Leistung wird gemessen. Sie werden mit Anforderungen konfrontiert, an denen nichts sanft oder unklar ist. Unternehmen müssen Gewinn erwirtschaften, und die Angestellten müssen dazu beitragen. So etwas wie »Gefühle« ist aber nur schwer in Kategorien wie Erfolg oder Misserfolg zu messen. Woran misst man Glück? Welche persönlichen Erfolgsfaktoren sind dafür maßgeblich? Und was besonders wichtig ist: Wie kann unsere innere Arbeit in Bezug auf unsere berufliche Produktivität in quantitativer Weise bewertet werden?

Obwohl dieser Prozess nicht mit naturwissenschaftlicher Genauigkeit abläuft, kann man doch zu halbwegs zuverlässigen Bewertungen gelangen. Gehen Sie zunächst einmal davon aus, dass Ihre Fortschritte langsam und schrittweise stattfinden werden und nicht in Form dramatischer Durchbrüche – ganz so, wie man es erwarten kann, wenn man eine bestimmte Sache regelmäßig übt. Machen Sie sich keine besonderen Sorgen über einzelne tägliche Vorkommnisse oder Ihre jeweilige Tagesform. Ein schlechter Tag entwertet nicht den gesamten Prozess. Die negative Bemerkung einer Kollegin ist kein Grund zur Panik. Sie halten sich an den allgemeinen Trend. Welches Feedback haben Sie im Verlauf der letzten sechs Monate bekommen? Wie hat sich das Durcheinander in Ihrem Innern entwickelt?

Dieser Punkt ist wichtig! Während Sie sich einerseits nicht zu sehr um die Meinung der anderen kümmern sollten – Ihr Glück liegt in Ihrer eigenen Verantwortung –, sollten Sie andererseits deren Meinung auch nicht völlig ignorieren. Wenn man in geeigneter Weise damit umgeht, können die Aussagen von Kolleginnen und Kollegen zu einem sehr wertvollen Barometer für unseren Erfolg werden. Wenn die Menschen, mit denen Sie zusammenarbeiten, ständig sauer auf Sie sind, kann das ein Hinweis auf ernstere Schwierigkeiten sein; wenn andere Sie häufig loben, könnte es sein, dass Sie etwas richtig machen.

Entsprechendes gilt für Ihre Gefühle. Kümmern Sie sich nicht zu sehr um die von Minute zu Minute wechselnden Hochs und Tiefs Ihrer emotionalen Dramen, sondern behalten Sie den allgemeinen Trend im Auge. Sind Sie alles in allem glücklicher und entspannter? Oder sind Sie permanent wütend oder paranoid? Werden die dramatischen Höhen und Tiefen Ihres Gefühlslebens seltener, oder sitzen Sie immer noch auf einer emotionalen Achterbahn? Wie fühlen Sie sich wirklich?

Vielleicht fällt Ihnen die Bewertung Ihres Arbeitsprozesses leichter, wenn Sie einige Ereignisse identifizieren, die Sie als Maßstab für Ihre persönlichen Fortschritte (MPF) verwenden wollen. So können Sie rasch erkennen, in welchen Bereichen Ihre eigenen Verhaltensweisen Sie daran hindern, wirksam an sich selbst und mit anderen zu arbeiten. Vielleicht stellen Sie fest, dass Sie sich stets defensiv verhalten, wenn neue Ideen präsentiert werden. Es kann sein, dass genau das Sie davon abhält, die Leitung eines Projektteams zu übernehmen oder innovative Vorschläge zu entwickeln. Vielleicht setzen Sie sich meist über die Gefühle Ihrer Mitmenschen hinweg; es kann sein, dass Sie das blind gemacht hat für Sorgen, Schwierigkeiten oder den plötzlichen Rückzug von Mitarbeitern.

Nutzen Sie derartige Schwächen zu Ihrem Vorteil, indem Sie an ihnen Ihre Fortschritte messen. Hier kann Ihnen wieder das Tagebuch wertvolle Hilfe leisten. Sie werden Ihre Fortschritte darin verzeichnet finden. Wählen Sie einen oder zwei MPFs aus, und kontrollieren Sie an ihnen über einen längeren Zeitraum hinweg, welche Fortschritte Sie machen. Diese Technik ist besonders wirksam.

Stress

Stress ist einer der wichtigsten MPFs, und es lohnt sich, über eine längere Zeit hinweg zu beobachten, wie Ihre Entwicklung hinsichtlich dieses Faktors verläuft. Fühlen Sie sich stärker gestresst als früher, so kann dies ein wichtiges Zeichen dafür sein, dass Sie vom Wege abgekommen sind.

Jeder weiß, was Stress ist, und zwar aus eigener Erfahrung, aus Büchern oder Berichten in den Medien. Stress ist ein allgegenwärtiges Phänomen, und man sollte lernen, richtig damit umzugehen. Zahlreiche Übungen in diesem Buch sind genau dafür geeignet. Nun kann es passieren, dass uns unser Übungsprozess selbst Stress bereitet. Man kann sich so in die Übungen hineinsteigern, dass sich Elemente des alten Projektes »Lederstraße« einschleichen. Achten Sie bei Ihren Tagebucheinträgen und Meditationen darauf, ob das passiert. Es sollte Ihnen nicht schwer fallen zu entdecken, ob diese Übungen Sie eher in Stress versetzen oder der Stress weniger wird. Wenn Sie feststellen, dass die Übungen Ihnen schon längere Zeit keine Freude mehr machen, können Sie davon ausgehen, dass es da ein Problem gibt.

Das Problem kann sich im Kontext Ihrer Arbeit mit anderen Menschen zeigen, speziell wenn es sich um etwas »schwierige« Kollegen handelt. Sicherlich verlangen die Übungen harte Arbeit von Ihnen, doch sie sollten Ihre Arbeitsbeziehungen nicht mit zusätzlichem Stress belasten oder für andere zum Problem werden. Die Beziehungen innerhalb Ihres Teams sollten sich verbessern. Allerdings gibt es ein Problem, wenn Sie feststellen, dass Sie nicht aufmerksamer, sondern allenfalls distanzierter werden und sich von schwierigen Mitmenschen fernhalten.

Dies ist jedoch kein Anlass zur übermäßigen Besorgnis. Jeder Mensch hat seine Grenzen. Und da Sie sich auf diese Übungen eingelassen haben, ist zu erwarten, dass auch Sie irgendwann einmal an Ihre Grenzen stoßen werden. Und eine der häufigsten Reaktionen darauf ist Stress. Es ist unwahrscheinlich, dass solcher

Stress schnell wieder verschwindet. Und es wird kaum geschehen, dass Sie eines Morgens aufwachen als perfekt großzügiger, offener, mitfühlender, tapferer und ehrlicher Mensch, völlig entspannt und mit sich im Reinen. Sie werden Ihre Grenzen so lange spüren, wie es den Riss zwischen Ihrem inneren und Ihrem professionellen Selbst gibt.

Extreme Formen von Stress wie Angst, Anspannung und Erschöpfung setzen der Arbeit mit sich selbst eigene Grenzen. Unter starkem Stress wird es besonders schwierig, die wahren Ursachen zu erkennen, die diesen Stress verursachen. Man wird sich selbst zum schlimmsten Feind. Es fällt in diesen Situationen dann sehr schwer, genau die Kontemplationen und Übungen durchzuführen, die helfen würden. Unter extremem Stress haben wir also nur sehr geringe bzw. gar keine Chancen, unsere Grenzen aufzulösen oder zumindest Frieden mit ihnen zu schließen. Wir stecken fest.

Aus diesem Zustand helfen uns nur sehr tief reichende Entspannungsübungen heraus. Sie lindern zunächst die unmittelbaren Qualen von Stress. Erst wenn der Stress wieder auf normales Niveau gesunken ist, können die Kontemplationen und Übungen ihre Wirkung entfalten. Am hilfreichsten ist es, sich ein Entspannungs-Retreat zu gönnen.

Das Entspannungs-Retreat

Ein Entspannungs-Retreat besteht aus einer Reihe von speziellen Übungen, die miteinander zu einer besonders effektiven und intensiven Kombination verbunden werden. Es ist eine besonders günstige Gelegenheit, um extremen Stresssymptomen zu begegnen. Zunächst trennt uns das Retreat von der Ursache unseres Stresses. *Retreat* bedeutet Abstand nehmen, sich zurückziehen. Und es gehört zu einem erfolgreichen Retreat, dass wir einen Abstand zu den Dingen herstellen, die unseren Stress auslösen.

Eine kleine Hütte im Wald kann ein hervorragender Ort sein, um sich von der Hektik der Arbeit zu lösen – sofern man Handy, Laptop und andere Arbeitsunterlagen tatsächlich zu Hause lässt. Ebenso wichtig ist es, das mentale Gepäck zu Hause zu lassen. Wenn man mit gesenktem Kopf im Wald umherläuft und über eine anstehende Präsentation nachdenkt, fördert das nicht gerade die Entspannung.

Manche Menschen können ihr professionelles Ich ziemlich leicht abstellen, indem sie einfach nicht ans Telefon gehen, sich in einem bequemen Sessel zurücklehnen und ... sich entspannen. Die meisten von uns müssen jedoch vorher ein bisschen planen.

Die erste Frage bei der Vorbereitung eines Entspannungs-Retreats ist die nach einem geeigneten Ort. Soll das Retreat zu Hause stattfinden oder besser anderswo? Falls Sie sich für einen Aufenthalt in einer Hütte oder einem Hotel entscheiden: Sind Sie lieber allein oder schließen Sie sich lieber einer geführten Gruppe an? Falls Sie allein sein möchten, brauchen Sie eine gewisse Selbstdisziplin, um ein bestimmtes Programm von Kontemplationen und Übungen zusammenzustellen und tatsächlich durchzuhalten. Sicherlich ist es hilfreich zu wissen, wie das Retreat verlaufen soll. Wissen Sie, mit welchen Methoden Sie sich besonders tief entspannen können, oder brauchen Sie fachlichen Rat? Wollen Sie nur mal ein bisschen ausspannen, oder brauchen Sie professionelle Hilfe? Im Allgemeinen gilt: Je größer der Stress oder die Anspannung, desto eher sollte man die Unterstützung durch eine Gruppe suchen, die von einem erfahrenen Leiter geführt wird. Falls Sie in Zweifel sind – entscheiden Sie sich für eine Gruppe!

Geführte Gruppen-Retreats haben noch einen weiteren Vorteil, den man nicht unterschätzen sollte: den Kontakt zu anderen, die ebenfalls mit der Arbeit an sich selbst begonnen haben. Das kann vor allem dann eine echte Hilfe sein, wenn man bisher ausschließlich allein, beispielsweise mit Hilfe dieses Buches, gearbeitet hat. Kontakte und Interaktionen im Rahmen eines Gruppen-Retreats sind eine große Hilfe. Das gilt erst recht, wenn die Arbeit an sich selbst mit Fragen der eigenen Kooperations- und Führungsfähigkeit zusammenhängt.

Der entscheidende Faktor dafür, ob Sie ein Retreat zu Hause oder anderswo, allein oder in einer Gruppe machen wollen, ist die Frage: Wie können Sie möglichst rasch und möglichst sicher eine möglichst tiefe Entspannung erreichen? Es gibt auch Organisationen, die solche geführten Retreats anbieten (siehe Seite 208). Die dort genannte Gruppe steht unter der Supervision von Dr. Akong Tulku Rinpoche. Die Leiterinnen und Leiter sind darin ausgebildet, Sie optimal bei einem Entspannungs-Retreat zu unterstützen; sie alle haben die Kontemplationen und Übungen dieses Buches selbst lange durchgeführt.

In einem geführten Gruppen-Retreat gibt es einen festen Zeitplan, was besonders hilfreich ist, wenn man zuvor noch nie an einem Retreat teilgenommen hat. Bei einem allein oder mit einer informellen Gruppe geplanten Retreat ist vorher eine gewisse Vorbereitung erforderlich. So stellt sich die Frage, wie lange das Retreat dauern soll. Der Gedanke, einen oder zwei Monate nicht zu arbeiten, ist reizvoll, aber nur selten zu verwirklichen. Realistischerweise läuft es meist auf ein langes Wochenende hinaus. Versuchen Sie, solche Retreats etwa zwei- bis viermal pro Jahr in Abständen von drei bis sechs Monaten durchzuführen. Noch besser ist es, wenn Sie eines dieser Drei-Tages-Retreats durch einen ein- oder zweiwöchigen Kurs ersetzen können.

Die Planung eines Retreats

Bei einem Retreat geht es darum, in relativ kurzer Zeit eine möglichst tiefe Entspannung zu erreichen. Daher sollte man sich auf solche Übungen konzentrieren, die diesem Ziel dienen: Übungen zur körperlichen Entspannung; Übungen, bei denen man sich auf nonverbale Weise ausdrücken kann; und (besonders wichtig!) Übungen zur geistigen Entspannung.

Massage

Zur körperlichen Entspannung tragen insbesondere solche Aktivitäten bei, die auf nichtkompetitive und nichtaggressive Weise das Gefühl der Verbundenheit mit dem eigenen Körper stärken. Das kann auf verschiedene Weise geschehen, etwa durch Spaziergänge, Yoga und T'ai Chi. Achten Sie dabei auf Ihre innere Einstellung: Bei diesen Übungen sollten Sie nicht zu sehr ermüden, weder körperlich noch geistig. Es ist schön, wenn Sie Ihren Geist während der körperlichen Aktivitäten frei fließen lassen können. Es geht also auf keinen Fall um sportlichen Wettkampf.

Auch der körperliche Aspekt der Berührung sollte während eines Retreats eine Rolle spielen. Es ist sehr traurig, dass sich die Menschen in unserer »zivilisierten« Welt nur noch dann berühren, wenn es um Sexualität geht. Es gibt kaum noch andere Formen des liebevollen körperlichen Kontakts, obwohl es starke Hinweise auf die heilende und heilsame Wirkung von Berührung gibt. Studien haben gezeigt, dass zum Beispiel der Umgang mit Haustieren sowohl auf ältere Menschen, die in einem Heim leben, als auch auf Patienten vor einer Operation sehr beruhigend wirken kann. Lebenswichtig sind liebevolle Berührungen für Neugeborene, speziell wenn sie etwas zu früh auf die Welt gekommen sind. Irgendwie aber vergisst man die Menschen, die nicht so nahe an den Schwellen des Lebens stehen. Während eines Retreats lässt sich die therapeutische Wirkung von Berührung in Form von Massage erleben. Eine oder zwei Sitzungen für die Dauer des Retreat sind ausreichend. Und ganz wichtig: Niemand braucht ein ausgebildeter Masseur zu sein, um Füße, Hände oder den Rücken eines anderen massieren zu können.

Für manche Massagen braucht man nicht einmal unbedingt

einen Partner. Jeder kann seine Hände, seine Füße oder seinen Nacken selbst behandeln. So lässt sich Massage selbst bei einem Einzel-Retreat zum Bestandteil des Programms machen. Das wichtigste Element bei jeder Massage ist Freundlichkeit. Massagen sind eine sehr einfache und direkte Form, freundlich zu anderen oder zu sich selbst zu sein. Dennoch schrecken manche Menschen davor zurück, speziell in einer Gruppensituation. Sie finden diese Art der Berührung zu persönlich. Der Gedanke ist einfach zu verwirrend, der Kollegin aus dem Büro nebenan den Rücken zu kneten. Vielen fällt es wesentlich leichter, einen absolut Fremden zu massieren als einen Arbeitskollegen. Im Rahmen eines Gruppen-Retreats können Massagen an Händen, Füßen und Rücken eine sichere und doch intensive Erfahrung ermöglichen, wie es ist, Freundlichkeit zu geben und zu empfangen.

Nonverbale Ausdrucksformen

Die meisten Menschen denken nicht sehr viel darüber nach, wie sie sich ausdrücken. Sie sprechen, sie schreiben, sie»verbalisieren«. Doch als wir noch sehr klein waren, lange bevor wir uns sprachlich ausdrücken konnten, kannten wir andere Formen, um unsere Gefühle auszudrücken. Eine davon war die»Kunst«. Wir haben gemalt (sogar mit den Fingern), mit Ton geknetet oder mit Papier, Schere, Klebstoff und Buntstiften gearbeitet. Doch irgendwo auf dem Weg zum Erwachsenwerden haben wir unsere Farben und unsere Bilder zurückgelassen. Wir haben unsere erste Kommunikationsform vergessen. Nur sehr wenige Menschen hören nicht auf, mit Farben und Ton zu arbeiten; die meisten kennen nur noch eine Ausdrucksform – Worte.

Nun gibt es aber Dinge, die sich nicht mit Worten ausdrücken lassen. Es gibt Gefühle, die sich nicht in Sätze fassen lassen. Das kann frustrierend sein, und so wenden wir uns am besten wieder unseren früheren Formen des Ausdrucks zu. In einem Retreat sollte es zwei oder drei Übungseinheiten geben, bei denen wir mit Farben und Formen spielen. Dabei wollen wir keine »Kunst« produzieren, sondern unseren Gefühlen auf dem Papier oder im Ton Gestalt geben. Sie auszudrücken ist das Wichtigste. Wenn man Ärger spürt, ist es das, was man malt; oder man malt Unglücklichsein. Man kann es aber auch andersherum versuchen: Wenn man wütend ist, malt man Frieden; wer sich unglücklich fühlt, malt etwas, das Freude ausdrückt. Seien Sie kreativ. Damit das Spiel nicht zu ernst werden kann, nimmt man große, abgenutzte Werkzeuge. Zum Malen nimmt man Plaka- oder Acrylfarben, nichts Feines oder Subtiles. Man arbeitet mit dicken Pinseln oder den Fingern. Sie sollten Spaß daran haben. Verursachen Sie ein richtiges Chaos.

In einem Gruppen-Retreat kann man versuchen, Bilder oder andere Kunstwerke von mehreren Teilnehmern gemeinsam erstellen zu lassen. Dazu bildet man Gruppen von zwei oder mehr Teilnehmern. Mit dieser einfachen Methode lassen sich interessante Erfahrungen zum Thema Gruppendynamik machen. Man kann allerhand über sich und sein Zusammenspiel mit anderen herausfinden, wenn man darauf achtet, wie man gemeinsam mit fünf oder sechs anderen Teilnehmern ein großes Wandbild herstellt, ohne dabei ein Wort zu sprechen.

Mentale Entspannung

Dazu zählen die gleichen Übungen, wie wir sie in unserer täglichen Praxis ausführen. In einem geführten Retreat wird die Leiterin oder der Leiter entscheiden, welche Übungen gemacht werden. Wenn Sie auf sich allein gestellt sind, wählen Sie diejenigen aus, bei denen Sie die beste Entspannung erlebt haben. Mischen Sie Übungen, die Sie schon kennen, mit solchen, die demnächst auf Ihrem Plan stehen. Ein Retreat bietet eine besonders günstige Gelegenheit, um mit den Übungsreihen aus Teil II zu beginnen. In einem geführten Retreat kann man überdies sehr gut lernen, wie diese Übungen genau ausgeführt werden, und sich Rat und Anregungen holen.

In einer informellen Gruppe ist es das Beste, wenn die Teilnehmenden der Reihe nach jeweils eine Übung anleiten. Die meisten Gruppenmitglieder berichten, dass sie es sehr hilfreich finden, wenn jemand anderes durch eine Übung führt. Die anleitende Person sollte dabei sanft und gleichmäßig sprechen. Zuerst beschreibt sie die Übung und gibt der Gruppe dann Zeit, sich in sie hineinzufinden. Zwischen den einzelnen Anweisungen sollte sie schweigen und allen genügend Zeit geben, jede Phase intensiv zu erleben. Gelegentlich sollte sie die Gruppenmitglieder daran erinnern, darauf zu achten, was sie gerade erleben. Sie sollte auch die jeweils nächsten Schritte ankündigen, und zwar stets in ruhigem und sanftem Tonfall. Und schließlich ist es ihre Aufgabe, auf die Zeit zu achten und die Übung zu einem guten Abschluss zu bringen.

Die Kombination verschiedener Übungsformen

Die wirksamste Kombination der genannten Übungen besteht aus einer Mischung von 25–30 Prozent nonverbalen Aktivitäten, 25–30 Prozent körperlichen Aktivitäten und 40–50 Prozent mentaler Entspannung. Jeder Tag sollte eine Kombination dieser drei Elemente bieten. Sie werden zu Einheiten von zwei bis drei Stunden zusammengefasst und gleichmäßig über den Tag verteilt. Ihre Reihenfolge ist nicht entscheidend, verlassen Sie sich dabei auf Ihren gesunden Menschenverstand. Planen Sie zum Beispiel keine Massagen oder Entspannungsübungen im Liegen für die Zeit unmittelbar nach einer Mahlzeit.

Ernährung und Genussmittel

Nicht nur der Geist, sondern auch der Körper sollte sich bei einem Retreat entspannen. Verzichten Sie auf Nahrungsmittel, die schwer verdaulich sind, wie tierische Eiweiße oder besonders künstliche und denaturierte Speisen. Aber übertreiben Sie es nicht. Wer eine vegetarische Ernährungsweise mit Hülsenfrüchten und Getreiden nicht gewohnt ist, sollte vielleicht auf die zweite Portion Hirsepastete mit Tofusoße verzichten. Generell gilt, je leichter die Ernährung – Suppen, Salate, Obst –, desto besser fühlt man sich. Ein Retreat ist eine günstige Gelegenheit, um seinen Körper zu entgiften. Geben Sie ihm also diese Chance, und verzichten Sie auf Alkohol, Koffein und Nikotin.

Auf den Seiten 206–207 finden Sie ein Modell für den Tagesablauf eines Entspannungs-Retreats. Sie können sich mit Ihrer eigenen Planung daran orientieren. Der Zeitplan kann für Einzel- wie Gruppen-Retreats verwendet werden.

Spezielle Hilfsmittel ohne Retreat

Man braucht nicht auf ein Retreat zu warten, um spezielle Maßnahmen, beispielsweise gegen Stress, zu ergreifen. Sämtliche Übungsformen, die wir gerade im Zusammenhang mit einem Retreat vorgestellt haben, lassen sich auch sonst jederzeit anwenden, wenn wir Hilfe brauchen. Man kann am Samstagnachmittag einen Spaziergang machen, einige Abende ohne Fernsehen verbringen oder die Malutensilien wieder aus dem Schrank holen. Auf Ihrer nächsten Geschäftsreise können Sie abends einen Spaziergang machen, statt im Hotelzimmer zu hocken und auf die Minibar aufzupassen.

Natürlich müssen Sie darauf achten, wann Sie zusätzliche Hilfe nötig haben. Die beste Medizin hilft nicht, wenn man sie nicht nimmt – oder erst dann, wenn es schon fast zu spät ist. Jede Medizin wirkt am besten, wenn man sie einnimmt, bevor zu großer Schaden entstanden ist. Dies gilt auch für unsere Hilfsmaßnahmen. Wenden Sie sie an, bevor der Nervenzusammenbruch da ist. Dabei helfen wieder die regelmäßigen Meditationen und das Tagebuch. Prüfen Sie gelegentlich, wie es Ihnen geht, und vergleichen Sie die Einträge, um etwaige Muster zu erkennen. Sobald Sie erkennen, dass Ihr Stress zunimmt, sollten Sie etwas dagegen tun. Sofort.

Übungsgruppen

Sämtliche speziellen Übungen, die man während eines Retreats macht, lassen sich auch im Rahmen einer Übungsgruppe am Wohnort oder vielleicht sogar im Unternehmen ausführen. Die Gruppe kann dafür sorgen, dass wir unsere Medizin regelmäßig nehmen. Man sollte ein regelmäßiges Treffen, alle ein oder zwei Wochen, vereinbaren, bei dem man malt oder mit Ton arbeitet, abwechselnd verschiedene Entspannungsübungen anleitet oder sich gegenseitig leichte Massagen an Hand, Fuß und Rücken gibt. Schön ist es, wenn man die Zeit miteinander einfach genießt.

Es gibt einige Punkte, die den Erfolg einer Übungsgruppe fördern. Erstens: Halten Sie alles so einfach wie möglich. Ihre Gruppe braucht keine Vorsitzenden, keine Rundbriefe und keine öffentlichen Veranstaltungen. Man braucht nichts weiter zu tun, als sich gelegentlich zu treffen, einige Stunden gemeinsam zu verbringen und die Übungen auszuführen.

Andererseits sollte die Übungsgruppe auch nicht zur emotionalen Krücke werden. Es handelt sich hier um keine Gruppentherapie im klassischen Sinne. Nichts spricht dagegen, ein gewisses Mitgefühl mit den Sorgen der anderen zu zeigen, aber machen Sie keine gegenseitige Psychoanalyse daraus. Unterstützungsgruppen sind dazu da, den Kontakt zu anderen Menschen zu pflegen, die auf der gleichen inneren Reise sind. Es sind Reisegefährten und man kommt zusammen, um sich gegenseitig zu unterstützen, zu inspirieren, anzuspornen und auch mal herzhaft zu lachen. In unserer kontaktfreudigen Zeit sind die Gruppenmitglieder Ihr Netzwerk, mit dessen Hilfe Sie Ihr Ziel so schnell und so sicher wie möglich erreichen können.

Falls Sie an einer solchen Gruppe interessiert sind, kann Tara Associates (siehe Seite 208) Sie auch darüber informieren, ob es in Ihrer Nähe weitere Interessenten oder eine bestehende Unterstützungsgruppe gibt.

Fortschritte

Natürlich ist Stress nicht der einzige Grund, weshalb man an einem Retreat teilnehmen, zu einer Unterstützungsgruppe gehen oder spezielle Übungen machen sollte. Denn es gibt auch bei den regelmäßigen Kontemplationen und Übungen durchaus Gelegenheiten, um Missverständnisse zu entwickeln. Jeder hat eigene Möglichkeiten, die Dinge auf ganz persönliche Weise misszuverstehen – oder richtig zu machen.

Dieser letzte Punkt ist sehr wichtig. Diese ganze innere Arbeit beruht auf dem Glauben, dass wir in der Lage sind, mit unseren Problemen fertig zu werden. Es wird niemand an Ihre Bürotür klopfen und sagen: »He, Sie sehen gestresst aus. Lassen Sie mich das für Sie in Ordnung bringen.« Letztlich sind Sie dafür selbst verantwortlich. Selbst wenn Sie zu jedem erreichbaren Retreat gehen, alle Unterstützungsgruppen besuchen und alle Bücher lesen, die Verantwortung bleibt immer bei Ihnen. Nur Sie selbst können sich glücklich machen.

Sie können Ihre Fortschritte daran erkennen, wie sich die Art und Weise verändert, mit der Sie an Probleme herangehen. Nehmen Sie beispielsweise den Umgang mit Ihren eigenen Grenzen:

Wie erkennen Sie sie? Wie stellen Sie sich darauf ein? Wie nutzen Sie diese Grenzen für Ihr persönliches Wachstum? An diesem Umgang können Sie Ihre Fortschritte besonders gut studieren. Zuerst werden Ihre Anstrengungen vermutlich etwas schwerfällig und umständlich geraten. Es kann passieren, dass Sie Ihre Grenzen nicht eher erkennen, als bis Sie mit dem Kopf dagegen stoßen. Dass Sie vom Ärger aufgefressen werden, merken Sie erst, wenn Sie Ihre beste Freundin oder Ihren Chef anschreien. Erst nachdem Sie einige Wochen lang nicht mehr gut geschlafen haben, fällt Ihnen auf, dass Sie unter starkem Stress stehen.

Im Laufe der Zeit macht Ihre innere Arbeit Fortschritte. Sie erkennen im Voraus, dass Sie in Schwierigkeiten kommen werden, und ergreifen Gegenmaßnahmen, bevor Sie zu stark aus dem Gleichgewicht geraten. Allmählich lernen Sie, Ihr Gleichgewicht zu halten, statt immer wieder auf die Nase zu fallen, um sich dann erneut aufzurappeln. Vielleicht wanken Sie jetzt nur noch ein bisschen, nehmen eine kleine Veränderung vor, und machen weiter. Je besser Sie sich selbst verstehen, desto klarer können Sie entscheiden, welche Ziele für Sie im Bereich des Möglichen liegen und was Sie besser erst später angehen. Sie verstehen Ihre Grenzen besser und lernen, mit ihnen zu leben und sie zu managen, statt immer wieder dagegen zu prallen.

Irgendwann verstehen Sie dann auch, dass jede Begegnung mit Ihren Grenzen eine Chance ist, um etwas zu lernen. Es gibt keine negativen Erlebnisse, sondern nur negative Reaktionen. Hat dieser Gedanke nicht etwas Aufregendes? Denn er bedeutet doch, dass Sie schon mit sich Frieden schließen können, während Sie noch an Ihrer Entwicklung arbeiten. Irgendwann können Sie dann Ihre Business-Persönlichkeit ablegen. Sie können die Kluft überbrücken zwischen der Person, die Sie wirklich sind, und derjenigen, die zu sein Sie vorgetäuscht haben. Es ist okay, wenn andere wissen, dass Sie Fehler haben. Seien wir ehrlich, die anderen haben es sowieso gewusst. Sie haben Ihre Probleme eigentlich nur vor sich selbst verbergen können.

Jetzt können Sie Ihrer eigenen Transformation zusehen. Natürlich werden Sie dabei von guten Freunden und Freundinnen unterstützt, einer jahrhundertealten Tradition und günstigen Umständen – aber letztlich können Sie stolz darauf sein, dass Sie die Arbeit selbst erledigt haben. Und nun können Sie das noch größere Abenteuer beginnen, sich in den Menschen zu verwandeln, der Sie wirklich sein möchten. Sie brauchen nicht einmal zu befürchten, ein Risiko einzugehen; Sie brauchen keine Angst zu haben, dass Sie scheitern könnten. Egal was passiert, es gibt immer ein Gegenmittel, es gibt immer einen Weg nach vorn.

Eine der wichtigsten Lektionen, die Sie irgendwann lernen werden, lautet: Es ist schwierig, aber möglich, sein Leben mit all seinen Begrenzungen anständig zu führen. Irgendwann auf Ihrem Weg werden Sie vor der niederschmetternden Erkenntnis stehen, dass Sie nicht derjenige Mensch sind, als der Sie sich dargestellt haben. Das verdaut man nicht leicht. Aber Sie werden lernen, im Einklang mit Ihren Grenzen zu leben. Dazu gehört eine ausgewogene Mischung aus den Eigenschaften, die Sie schon besitzen – einschließlich aller Fehler –, und dem Streben nach einer besseren Zukunft. Mehr als alles andere wird Ihnen diese Einstellung helfen, wenn Sie in rauhes Fahrwasser kommen, wenn Sie nur noch die eigenen Unzulänglichkeiten sehen. Was Sie mit dieser Einstellung für Ihre Arbeit gewinnen können, ist beachtlich. Schließen Sie die Augen, und stellen Sie sich vor, wie es wäre, für so jemanden zu arbeiten. Stellen Sie sich vor, wie es ist, für jemanden zu arbeiten, der Frieden mit sich geschlossen hat, seine eigenen Stärken und Schwächen kennt, und nicht versucht, irgendetwas anderes zu sein als das, was er oder sie ist. Stellen Sie sich vor, wie es wäre, wenn Ihre Kolleginnen und Kollegen diesen Eindruck von Ihnen hätten.

Den Tiger reiten

Wenn dein Geist still ist, dann schütze ihn
wie eine Mutter den Schlaf ihres Kindes bewacht;
ist dein Geist ruhelos, dann bewache ihn
wie der Elefantenführer, der seine Elefantenherde bewacht.

DER OZEAN DER GEWISSHEIT, DER 6. GYALWA KARMAPA

Ein erleuchteter Bodhisattva macht sich keine Sorgen
um seinen Ruf.

DIE SIEBEN STUFEN DES GEISTESTRAININGS

Ein armer Mann braucht sich nicht um sein Testament zu kümmern. Er braucht keinen Anwalt, muss nicht darüber nachdenken, wer sein Geld erben wird und ob die undankbare Verwandtschaft das Vermögen verschleudert. Er ist zu sehr damit beschäftigt, sich um die unmittelbaren Probleme des Überlebens zu kümmern.

Vielleicht beschreibt dies ein wenig Ihre vergangene Situation; auch Sie sind arm gewesen, und zwar in mentaler und emotionaler Hinsicht. Sie kannten vor allem Sorgen. Doch das hat sich geändert. Sie haben sich geändert. Sie haben Ihre Weltsicht verändert und die Art und Weise, wie Sie mit der Welt umgehen.

Und wie ein Obdachloser, der plötzlich im Lotto gewonnen hat, müssen Sie jetzt entscheiden, was Sie als nächstes machen. Plötzlich gibt es Wahlmöglichkeiten, von denen Sie vorher nur träumen konnten.

Die Veränderungen werden Sie in eine einzigartige Situation

bringen. Sie sind nicht mehr wie die anderen, weil Sie anfangen zu begreifen, wer Sie sind. Sie kennen Ihre Stärken und Schwächen. Und dennoch sind Sie genau wie jeder andere, weil Sie wie jeder andere verletzbar sind, lachen und weinen können. Eigentlich haben Sie nichts Besonderes an sich. Daraus kann sich für Sie im Beruf wie im Privatleben ein deutlicher Vorteil ergeben. Sie besitzen jetzt die Fähigkeit zu erkennen, was Sie gut können, und das tun Sie auch – und ebenso erkennen Sie, was Sie nicht so gut können, und dafür finden Sie jemanden, der das besser kann.

Doch Ihre frisch erworbenen Fähigkeiten bringen auch neue Verantwortung mit sich, ganz wie bei einem Achtzehnjährigen, der gerade den Führerschein gemacht hat. Sie werden vielleicht feststellen, dass sich Ihre neue Macht, die viel größer ist, als Sie ahnen, nicht mehr so einfach benutzen lässt, wie Sie es früher durch Überhöhung Ihres Ich und durch Ausübung von Kontrolle getan haben. Sie werden entdecken, das Ihr eigenes Glück keine Sache mehr von »ich, ich, ich« ist. Gute Geschäfte übrigens auch nicht. Persönliches Glück und erfolgreiche Geschäfte entstehen auf der Grundlage eines Wir-Gefühls.

Entscheidungen

Sind Sie jetzt zufrieden mit dem Maß an persönlichem Glück und professioneller Kompetenz, das Sie bisher erreicht haben – oder möchten Sie sich noch etwas strecken? Möchten Sie immer neue Wege entdecken, wie Sie mit sich und anderen arbeiten können? Sie haben den Tiger gezähmt; möchten Sie ihn jetzt nicht auch reiten?

Jeder Mensch muss seine ganz persönlichen Entscheidungen treffen. Je mehr die Arbeit am emotionalen Chaos beginnt Früchte zu tragen, desto schwächer werden Ihre persönlichen Bedürfnisse. Sie können sich leichter entspannen. Sie können leichter

einmal sagen: »Es reicht!« Vergessen Sie jedoch nicht, vielleicht
haben Sie sich geändert, die Welt da draußen jedoch nicht. Es ist
immer noch eine ziemlich gefährliche Gegend. Und es gibt dort
viele Menschen, die leiden. Während Sie Ihr Leben leben und
Ihrer Arbeit nachgehen, sollten Sie auf Ihre Umgebung achten,
auf die Flut von Emotionen, Leidenschaften und Verzweiflung.
Diese Menschen sind immer da, jeden Tag. Das sind Sie.

In dieser Welt besteht heute ein großer Mangel an Menschen,
die bereit sind, den Tiger zu reiten, und die daran auch noch
Freude haben. Auch in der Welt der Unternehmen werden Personen mit klarem Verstand immer wichtiger, die bereit und in der
Lage sind, ihr eigenes Ich beiseite zu lassen, um gemeinsam mit
anderen an komplexen Lösungen zu arbeiten.

Die Wirtschaft ist im Umbruch. Lokale wirtschaftliche Zu-
sammenhänge weiten sich national und international aus, und
die Volkswirtschaften werden weltumspannend. Die Grenzlinien
zwischen Konzernen und nationalen Regierungen verschwim-
men immer mehr. Technische Lösungen haben in den Unternehmen immer stärker globalen Charakter, und die Standardisierung
von Verfahren überschreitet die Grenzen von Kontinenten und
Kulturen. Die Probleme sind so komplex, dass kein einzelner
Mensch die Antworten kennen kann. Mehr als je zuvor wird der
Erfolg der Unternehmen vom Erfolg ihrer Teams abhängen.

Doch erfolgreiche Teamarbeit ist eine der schwierigsten Aufgaben, die es in den Unternehmen zu bewältigen gibt. Sie setzt
voraus, dass die Grenzen zwischen den privaten Territorien flexibel und durchlässig werden. Teamarbeit verlangt Kompromiss
und Kooperation. Sie verlangt, dass persönliche Anliegen zu-
rückgestellt werden zugunsten der Anliegen des Unternehmens.
Diejenigen Unternehmen werden Erfolg haben, denen es gelingt,
die beste Teamarbeit zu organisieren. Alle arbeiten mit der gleichen Technologie; das einzige, worin sie sich unterscheiden, sind
ihre Mitarbeiter. Sie brauchen Mitarbeiter, die psychisch gesund,
gut ausgebildet (und kontinuierlich weitergebildet) und inner-

lich reife Persönlichkeiten sind. Jedes Unternehmen muss sich der Herausforderung stellen, solche Menschen zu finden und sie gut zu behandeln, damit sie sich wohl fühlen und bleiben. Wenn man sie nicht auf dem Markt findet, muss man innerhalb des Unternehmens dafür sorgen, dass sie die oben beschriebenen Qualitäten entwickeln können.

Die Transformation der Mitarbeiterschaft

Das Wesen eines Managements zu dessen Basis Spiritualität und Mitgefühl gehören, besteht darin, eine Arbeitsumgebung zu schaffen und zu pflegen, die nicht nur diejenigen Mitarbeiterinnen und Mitarbeiter unterstützt und fördert, die psychisch gesund und gereift sind, sondern gleichzeitig ein Gewächshaus zu bilden, in dem bei allen Beschäftigten Freundlichkeit, Ernsthaftigkeit und Anstand wachsen und gedeihen können. Diejenigen Unternehmen werden Erfolg haben, denen es gelingt, derartige Bedingungen zu schaffen und den vorhandenen Mitarbeiterinnen und Mitarbeitern die Chance zur inneren Transformation zu bieten. Und diejenigen wird man Helden nennen können, die diese Entwicklungen anführen und meistern können. Das ist damit gemeint, den Tiger zu reiten.

Heldinnen und Helden haben zahlreiche interessante Eigenschaften. Eine der wichtigsten ist ihre Fähigkeit, mit der eigenen Angst fertig zu werden. Der Unterschied zwischen einem Dummkopf und einem Helden ist der, dass der Held genau weiß, worauf er sich einlässt, obwohl er große Angst hat. Der Dummkopf hat keine Ahnung, was auf dem Spiel steht. Die Unternehmen brauchen keine Dummköpfe, sondern Helden, die darauf vorbereitet sind, mit Angst und Risiken fertig zu werden.

Heutzutage haben viele Leute Angst vor Veränderungen. Die Welt der Wirtschaft, die Welt insgesamt verändert sich sehr rasch. Ganze Berufsbilder verschwinden, und die Technologie entwickelt sich in gewaltigen Sprüngen. Niemand, der heute in ein Unternehmen eintritt, kann noch damit rechnen, so wie sein Vater ein Leben lang bei demselben Unternehmen beschäftigt oder überhaupt im gleichen Berufsumfeld zu bleiben. Die einzigen Sicherheiten eines Angestellten liegen im eigenen Wissen und Können. Diejenigen werden Erfolg haben, die erfolgreich mit Veränderung umgehen können. Dazu muss jeder Mensch wissen, wer er selbst ist. Man darf sich nicht mehr darüber identifizieren, für wen man arbeitet und was man macht, sondern muss in die Tiefe gehen. Nur solche Vorgesetzten werden ihr Unternehmen und dessen Mitarbeiterinnen und Mitarbeiter durch alle Veränderungen steuern können, die mit ihrem inneren Selbst in Kontakt stehen.

Ist es nicht seltsam, Begriffe wie »Mitgefühl«, »Held« und »Weisheit« mit dem Wirtschaftsleben in Verbindung zu bringen? In unseren Arbeitsbesprechungen kommen sie nicht oft vor. Doch die Wirtschaft ist in der Tat ein Ort, wo man heldenhaft sein kann. Zeigen Sie Mitgefühl für andere; Sie tun sich selbst damit den größten Gefallen. Im Laufe der Zeit werden sich Ihre persönliche Vision und Motivation allmählich von Ihren eigenen Problemen ab- und denen der anderen zuwenden. Im Sinne des Buddhismus und auch anderer spiritueller Traditionen nennt man das die Entwicklung von Selbstlosigkeit.

Fällt es Ihnen schwer zu akzeptieren, dass Altruismus die beste und am meisten von innen heraus kommende Möglichkeit ist, sich selbst etwas Gutes zu tun? Bedenken Sie die Alternativen. Was passiert, wenn Sie Ihr Unternehmen nicht durch die Veränderungen führen? Was passiert, wenn Sie den anderen nicht helfen? Was passiert, wenn Sie Ihre Kolleginnen und Kollegen mit Ihrer Angst alleinlassen? Was passiert, wenn die Angst sie überwältigt?

Sekten finden Ihre Opfer unter denen, die Angst haben. Wer zutiefst verunsichert ist, sucht nach etwas, das Sicherheit bietet.

Was Sekten in erster Linie bieten, ist diese Sicherheit – die Sicherheit, zu einer Gruppe zu gehören, die einen niemals im Stich lassen wird. Im Wesentlichen bedeutet das, Sicherheit vor Veränderung. Jede Sekte sammelt Menschen, die ihre Mitte verloren haben und die diesen Verlust mit einem anderen Menschen oder einer anderen Sache wettmachen wollen. Die spirituelle Verwirrung kann sich auf vielfältige Weise zeigen. In der Leidenschaft von religiösem Fanatismus, politischen Glaubensüberzeugungen, rassistischen oder nationalen Wahnvorstellungen überantworten diese Menschen ihre Autorität und ihr Glück anderen.

In den Unternehmen ist es genauso. In vielerlei Hinsicht werden Unternehmen wie Sekten geführt, die darauf spekulieren, dass die Menschen etwas brauchen, zu dem sie sich zugehörig fühlen können. Die Mitarbeiter liefern sich jedem Chef aus, der ihnen ein Gefühl von Sicherheit bietet. Wer Angst vor Veränderungen hat, unterwirft sich jeder Organisation oder jedem Menschen, der vor Veränderungen schützt. Unternehmen nutzen diese Furcht aus, um die Produktivität zu steigern. Denn was tun die Angestellten nicht alles für die Illusion von Sicherheit?

Doch das Risiko kann Ihnen niemand abnehmen. Letztlich hängt es von Ihnen selbst ab, für welche Art von Unternehmen Sie arbeiten wollen, welche Art von Unternehmen Sie aufbauen wollen. Niemand wird Ihnen helfen. Wenn Sie nicht die Hand ausstrecken, um den Menschen in Ihrer Umgebung zu helfen, werden sie sich von Ihnen abwenden. Wenn Sie ein Unternehmen besitzen oder für ein Unternehmen arbeiten wollen, auf das Sie stolz sein können, dann müssen Sie selbst die Verantwortung dafür übernehmen, dass ein solches Unternehmen entsteht und prosperiert.

In der buddhistischen Tradition gibt es das Konzept der Buddha-Aktivität. Damit sind Kenntnisse und Fähigkeiten gemeint, mit deren Hilfe man genau das Richtige zur richtigen Zeit tun kann. Es ist diese Art von genau stimmigen Handlungsweisen, die Sie entwickeln wollen. Und der Tiger wird Sie dahin bringen.

Langfristig gesehen macht es keinen großen Unterschied, welcher Tradition Sie sich zugehörig fühlen. Es ist nicht entscheidend, ob Sie dem Ansatz folgen, den wir Ihnen hier vorstellen, oder einem anderen Ansatz, der Ihnen mehr liegt. Das einzige, worauf es wirklich ankommt, ist, dass Sie überhaupt etwas tun. Wer selbst nichts tut, kann niemand anderem die Schuld geben. Letztlich bekommt man die Welt, die man verdient.

Teil II

ÜBUNGEN

DIE TÄGLICHEN ÜBUNGEN

Die Übungen in diesem Teil sind von Akong Tulku Rinpoche zusammengestellt worden. Es handelt sich um eine Reihe von mentalen und körperlichen Übungen, die Ihnen dabei helfen sollen, Ihren Geist zu verstehen und zu zähmen. Sie basieren auf Traditionen und Erfahrungen, die jahrhundertealt sind. Rinpoche hat sie jedoch an die Lebensweise unserer heutigen Welt angepasst. Bei der Auswahl wurden insbesondere solche Übungen berücksichtigt, die uns dabei unterstützen, die Herausforderungen zu meistern, die sich ergeben, wenn Menschen – sei es im Büro oder in der Werkstatt – in Gruppen zusammenarbeiten.

Die Übungen stammen aus der buddhistischen Tradition, sind jedoch an sich nicht »buddhistisch«. Man geht mit ihnen keinerlei Verpflichtung für den Buddhismus oder irgendeine andere Religion ein. Sie sind so gestaltet, dass sie für Menschen jeder religiösen, einschließlich einer atheistischen Orientierung, zugänglich sind. Sie stehen in einem umfassenderen spirituellen Kontext, der die Grenzen zwischen den einzelnen Religionen übersteigt. Es kann gut sein, dass Sie hin und wieder etwas finden, was Ihren eigenen religiösen Überzeugungen besonders gut zu entsprechen scheint. Rinpoche hat immer wieder betont, dass einer der Vorteile dieser Übungen darin besteht, dass sie unsere spirituellen Bindungen stärken, ganz gleich welcher religiösen Tradition wir uns zugehörig fühlen. Es ist also völlig in Ordnung, wenn Sie die verwandten Bilder in den Übungen in die Sprache Ihrer eigenen Religion »übersetzen«.

Wir können nicht deutlich genug darauf hinweisen, wie wichtig es ist, diese Übungen auch tatsächlich durchzuführen. Wer den ersten Teil dieses Buches liest, ohne wenigstens einige der folgenden Übungen zu machen, kann sich genauso gut auch ein Video mit Fitness-Übungen anschauen und dabei auf dem Sofa liegen und Kartoffelchips futtern. Es macht vielleicht Spaß, bringt aber überhaupt nichts für die Fitness des Körpers – oder, wie in unserem Fall, des Geistes. Vielleicht werden Sie einwenden, dass es in Ihrem Tagesablauf keine Zeit für irgendeinen weiteren Termin gibt. Doch mit den nun folgenden Übungen werden Sie Ihre Aufmerksamkeit, Ihren Geist und damit auch Ihre Zeit zurückgewinnen können. Was Sie an Zeit für die Übungen »verlieren«, werden Sie in Form von höherer Produktivität und einer allgemeinen Steigerung Ihrer Lebensqualität hinzugewinnen.

Es gibt zwei Serien von Übungen. Die erste enthält Aufgaben, die Sie täglich über einen Zeitraum von etwa zwei Jahren hinweg – oder auch länger – ausführen. An den meisten Tagen verlangen diese Übungen etwa 30 Minuten Zeit, an zwei Tagen pro Woche etwas mehr; davon jeweils 15 Minuten am Morgen und 15–25 Minuten am Abend. Geben Sie den Übungen denselben Stellenwert wie dem Zähneputzen und Duschen. Dieses Programm dient Ihrer geistigen Hygiene. In dieser Serie finden Sie auch einige Erste-Hilfe-Übungen, die Sie bei emotionalen Krisen sofort einsetzen können.

Haben Sie eine Zeit lang mit diesen Übungen gearbeitet, so können Sie mit der zweiten Serie von Übungen beginnen. Sie umfasst mehrere aufeinander aufbauende Aktivitäten, die sich mehr oder weniger an der Reihenfolge der Kapitel in Teil I dieses Buches orientieren. Bei einem Zeitaufwand von etwa 30 Minuten pro Tag und fünf Übungsterminen pro Woche braucht man etwa zwei Jahre, um die gesamte Serie durchzuarbeiten. Wie lange Sie wirklich brauchen werden, hängt von Ihrem eigenen Übungsplan ab. Auf den Seiten 147–150 schlagen wir einen geeigneten Zeitplan vor. Ob Sie diesem Plan folgen oder Ihren eigenen gestalten, ist weniger wichtig, als dass Sie die Übungen in der angegebenen Reihenfolge absolvieren. Außerdem sollten Sie so lange mit jeder Übung arbeiten, bis Sie sie wirklich verstehen. Das kann mehr Zeit in Anspruch nehmen als angegeben.

Die Übungen dieser Serie können Sie in speziellen Notfällen auch einzeln anwenden. Sobald Sie eine Übung einmal im Rahmen der vorgegebenen Reihenfolge durchgearbeitet haben, können Sie sie jederzeit in einer passenden Situation einsetzen. Nachdem Sie sich beispielsweise mit der abendlichen Kontemplation und dem Umgang mit dem Tagebuch vertraut gemacht haben, können Sie eine schwierige Situation einige Tage lang mit der Übung »Das rote Licht« (Seite 169–170) bearbeiten, bis Sie Ihr Gleichgewicht wiedergefunden haben.

Niemand sagt, dass dies alles einfach ist. Es ist eine echte Herausforderung, morgens und abends zu meditieren, ein Tagebuch zu führen und jeden Tag seine Übungen zu machen. Manchmal werden Sie den Nutzen nicht erkennen, und es kann sich eine Tendenz einschleichen, die Dinge aufzuschieben. Ihre gegenwärtige Situation wird sich dadurch nicht verbessern. Je länger Sie warten, desto länger bleiben Sie im Projekt »Lederstraße« stecken. Erinnern Sie sich in solchen Augenblicken daran, was der Meditationsmeister seiner jungen Schülerin sagte, als er sie in die Vorbereitungen für das Sterben einweisen wollte. Die Schülerin unterbrach ihn und fragte: »Würde es nicht ausreichen, wenn ich im Augenblick des Sterbens an meinen Guru denke? Wäre das nicht genug?« Die Antwort des Lehrers kam sofort: »Es wäre viel besser, wenn du das tun würdest, was dich dein Guru gelehrt hat.«

Die Frage der Umgebung

Bevor Sie mit den Übungen beginnen, sollten Sie darüber nachdenken, wo und wann Sie sie durchführen möchten. Ein entscheidender Faktor für Ihren Erfolg ist Ruhe und Einsamkeit. Sie brauchen einen ruhigen Ort, an dem Sie mit ziemlicher Sicherheit nicht gestört werden. Dies kann zu Hause, in der Firma oder irgendwo sonst sein. Haben Sie einen mehr als vollen Terminkalender, werden Sie kreativ sein müssen, um ruhige Zeiten zu finden. Die täglichen Übungen lassen sich unter weniger strengen Umständen durchführen, doch die fortlaufenden Übungen verlangen Konzentration und eine entsprechend strukturierte Umgebung.

Was man unter Ruhe oder Einsamkeit versteht, unterliegt keiner eindeutigen Definition. Man muss sich nicht unbedingt völlig von anderen isolieren. Wer bei seiner Arbeit reisen muss, kann dabei mit etwas Geschick und Kreativität genügend Gelegenheiten für die täglichen Übungen finden. Eine ruhige Ecke im Flughafen, von der aus man einen weiten Ausblick hat, kann zu einem wunderbaren Übungsort werden. Ebenso der Flug selbst. Wer viel mit dem Auto unterwegs ist, kann sich einen schön gelegenen Rastplatz suchen und bei der Übung aus dem Fenster sehen. Wer meist im Büro arbeitet, kommt morgens einfach etwas früher oder bleibt abends etwas länger. Man sucht sich ein Fenster mit einem schönen Ausblick und macht die Übungen dann im Sitzen oder Stehen, während man in den unendlichen Raum blickt. Wer Sie dabei überrascht, wird annehmen, dass Sie gerade ernsthaft über etwas nachdenken – und das wäre ja kein schlechter Eindruck. Wieder andere Gelegenheiten bieten sich denen, die Golf, Wassersport oder andere Aktivitäten im Freien bevorzugen. Es gibt kaum etwas Entspannenderes, als mit der Übung »Nichtstun« eine Weile am Ufer eines Sees oder am Rande des Golfplatzes zu sitzen.

Selbstverständlich lassen sich alle Übungen auch zu Hause

oder in einem Hotelzimmer ausführen. Die entscheidende Frage ist, ob Sie relativ ungestört sein können und die Umgebung Sie nicht unnötig an Dinge erinnert, die erledigt werden müssen. (Ein voller Schreibtisch oder ein unaufgeräumtes Zimmer wecken Schuldgefühle und eine Vielzahl Überlegungen, was noch alles zu erledigen ist.)

Die fortlaufenden Übungen verlangen stärkere Abgeschiedenheit, als sie eine Flughafenlounge oder die Cafeteria in Ihrer Firma bieten können. Dafür müssen Sie sich auf jeden Fall in die Stille Ihrer Wohnung oder Ihres Hotelzimmers zurückziehen. Reservieren Sie sich eine stille Ecke Ihres Heims für wenigstens eine Stunde pro Abend, selbst wenn Sie nicht so viel Zeit brauchen. Machen Sie keine große Sache aus dem, was Sie vorhaben. Weder benötigen Sie besonders viel Platz noch die Stille eines Mausoleums. »Seid ruhig, Kinder! Mami meditiert!« Wollen Sie das etwa hören? Außerdem sollten die Übungen keine Entschuldigung sein, um sich vor dem Abwasch zu drücken.

Wie bei der Wahl der Umgebung müssen Sie auch bei der Festlegung Ihrer Zeiten flexibel und kreativ sein. Wiederum ist das Entscheidende, dass Sie Ihre Zeit überhaupt planen. Die Übungen sind absichtlich so konstruiert, dass sie auch in einen noch so »verrückten« Stundenplan passen. Jeder sollte sich 15 Minuten zu Beginn und am Ende eines Tages freimachen können. Falls nicht, sollten Sie diese Tatsache als schlechtes Zeichen werten. Finden Sie die Zeit und nutzen Sie sie. Täglich.

Körperhaltung

Die Art, wie wir unseren Körper halten, sagt viel über unser Innenleben aus. Ein gehobener Kopf und ein weiter Brustkorb vermitteln zum Beispiel ein Gefühl von Mut und Energie. Im Unterschied dazu zeugen ein gesenkter Kopf und hängende Schultern von Angst und Schüchternheit.

Denken Sie einen Augenblick über sich und die Reise nach, vor der Sie stehen. Bringen Sie sie mit Begriffen wie »Würde«, »Selbstrespekt« und »Zuversicht« in Verbindung! Bei allen Übungen sollte Ihre Körperhaltung diese Einstellung zu sich selbst widerspiegeln. Es ist schon erstaunlich, was ein gerader Rücken für das Selbstvertrauen eines Menschen tun kann. Egal, ob Sie sitzen, stehen oder liegen – Ihre Haltung sollte der Bedeutung entsprechen, die dem zukommt, was Sie da tun, und Respekt zeigen vor Ihnen selbst und den Übungen. Aus dieser Einstellung heraus lässt sich stets die richtige Körperhaltung finden, ob Sie nun nach einem Drei-Kilometer-Lauf stehenbleiben, um eine Wiese zu betrachten, oder ob Sie zu Hause hinter dem Schreibtisch auf dem Boden ausgestreckt liegen.

Bei dem Wort »Meditation« denken viele Leute an asketisch aussehende Personen, die mit ernsten Gesichtern auf harten Kissen sitzen und ihre Beine in einer Art und Weise verknotet haben, die unseren Körpern in der Regel nicht mehr gegeben ist. Aber so muss es nicht sein. Sämtliche Übungen lassen sich im Sitzen durchführen; bei einigen kann man stehen, bei anderen flach liegen. Die Instruktionen vor jeder Übung geben entsprechende Hinweise.

Es ist gut, wenn man flexibel ist, doch andererseits sind bestimmte Körperhaltungen auch das Ergebnis einer mehr als zweitausendjährigen Erfahrungsgeschichte. Traditionell sitzt man bei der Meditation mit gekreuzten Beinen und geradem Rücken auf einem flachen Kissen. Die Handflächen ruhen auf den Knien, und der Kopf ist leicht nach vorne gesenkt. Diese Haltung hat einige Vorteile, sofern Sie sie bequem einnehmen können. Die tradierten Erfahrungen gehen davon aus, dass der Geist ruhiger wird, wenn Arme und Beine nahe am Körper liegen, statt weit ausgestreckt zu sein (wie es beispielsweise der Fall ist, wenn man sich auf einem Sofa räkelt). Dieser Art des Sitzens mit gekreuzten Beinen hilft Ihnen auch, wenn Sie den Übungen etwas mehr Zeit widmen möchten.

Viele Übungen lassen sich auch auf einem Stuhl durchführen. Dabei stehen die Füße flach auf dem Boden. (Schuhe mit hohen Absätzen werden ausgezogen.) Lassen Sie die Hände ganz natürlich mit den Handflächen auf den Oberschenkeln ruhen; halten Sie Rücken und Nacken gerade. Blicken Sie entweder aus dem Fenster oder etwa zwei Meter vor sich auf den Boden.

Bei einigen Übungen sollten Sie stehen. Die Füße sind etwa 30–50 Zentimeter voneinander entfernt. Die Knie sind leicht gebeugt, die Hände seitlich am Körper oder vor dem Rumpf oder hinter dem Rücken verschränkt. Man blickt aus dem Fenster oder auf eine Stelle etwa zwei Meter vor sich auf den Boden.

Bei manchen Übungen werden Sie auf einer Gymnastikmatte oder einem Teppich auf dem Rücken liegen. Wenn es Ihnen hilft, können Sie zur Unterstützung einige kleine Kissen unter die Kniekehlen, den Kopf und den unteren Rücken legen. Die Arme ruhen entspannt neben dem Körper mit den Handflächen nach oben oder unten. Verschränken Sie die Hände nicht über der Brust, und schlagen Sie auch die Füße nicht übereinander.

Sofern in den jeweiligen Übungsanweisungen nichts anderes vorgeschlagen wird, bleiben die Augen geöffnet und man blickt in den Raum hinaus. Das hat mehrere Gründe. Zum einen werden dadurch die Übungen mehr zu einem normalen Bestandteil Ihres Alltags. Wenn Sie sich daran gewöhnt haben, die Übungen mit offenen Augen durchzuführen, wird es für Sie leichter sein, sie in jeder Art von Umgebung durchzuführen. Zweitens verhindern Sie auf diese Weise – vor allem bei den Entspannungsübungen –, dass Sie einfach einschlafen.

Im übrigen sollten Sie sich bei der Gestaltung der Übungen auf Ihren gesunden Menschenverstand verlassen. Als Profi wissen Sie, wie man gute Arbeit leistet. Gehen Sie mit der gleichen Professionalität an Ihr eigenes Leben heran. Die Übungen haben eine genauso große Bedeutung wie alles andere, was Sie mit Ihrem Leben anstellen. Vergessen Sie das nicht, und Sie werden Erfolg haben, ganz gleich, wie die Umstände aussehen.

Die täglichen Übungen

Sie sollten sich fest vornehmen, die nun folgenden Übungen regelmäßig wenigstens zwei Jahre lang durchzuführen. Wenn Sie danach feststellen, dass Sie Ihnen geholfen haben, können Sie ohne zeitliche Begrenzung damit weitermachen. Beständigkeit ist der Schlüssel zum Erfolg. Schon ein geringer Einsatz jeden Tag führt zu großen Ergebnissen und ist allemal mehr wert als ein gelegentlicher Großeinsatz. Abgesehen vom speziellen Inhalt der Übungen schaffen Sie mit der Regelmäßigkeit auch ein Muster der Pflege und Aufmerksamkeit für sich selbst. Sie sollten sich jeden Tag um sich selbst kümmern, und nicht nur dann, wenn es Ihnen schlecht geht.

Nichtstun I

Dauer: 10–15 Minuten
Position: Stehend, auf einem Stuhl sitzend oder mit gekreuzten Beinen auf dem Boden. Wenn möglich mit Blick aus dem Fenster. Die Augen bleiben geöffnet.

Die Übung »Nichtstun« sollten Sie irgendwann zwischen dem Zeitpunkt, an dem Sie morgens Ihre Augen öffnen, und Ihren ersten Telefongesprächen machen. Nehmen Sie sich 10–15 Minuten Zeit. Machen Sie die Übung jeden Morgen. »Nichtstun« ist noch wichtiger als Frühstücken.

Wählen Sie einen Ort und einen Zeitpunkt, an dem Sie mit ziemlicher Sicherheit wenigstens zehn Minuten lang nicht gestört werden. Wenn es Ihnen gefällt, können Sie die Füße auf den Schreibtisch legen und dabei einen Kaffee trinken. Es ist ganz entscheidend, dass Sie weder gesehen noch gehört, oder sonstwie gestört werden können. Falls möglich, stellen Sie den

Stuhl so, dass Sie ohne Verrenkungen den Himmel sehen können. Alternativ dazu können Sie den Blick auch auf eine möglichst freie Wand richten.

Beginnen Sie mit fünf entspannten Atemzügen; halten Sie jeweils nach dem Einatmen leicht die Luft an. Das Ausatmen geschieht am besten durch den Mund. Bei jedem Ausatmen
schicken Sie Ihre Gedanken, die gesamte Liste mit Erledigungen
in den leeren Raum, wo sie sich auflösen können. Beim Einatmen inhalieren Sie Frische, Vitalität und ein Gefühl von Freiheit.
Wiederholen Sie dies fünfmal. (Weitere Anleitungen finden Sie
in der Atemübung auf den Seiten 150–152.)

Vielleicht spüren Sie, wie sich Ihre mentalen Aktivitäten beruhigen. Genießen Sie dies, so lange es geht, und blicken Sie mit
diesem klaren Geist hinaus in den Raum. Lassen Sie es zu, wenn
die Gedanken allmählich zurückkehren. Statt sich jedoch erneut
in den mentalen Aktivitäten zu verstricken, versuchen Sie, sich
die Gedanken als Wolken vorzustellen, die über den Himmel ziehen. Es besteht keine Notwendigkeit, irgendetwas damit anzufangen. Lassen Sie sie einfach vorbeitreiben. Sie kommen und sie
gehen. Lassen Sie sie so, wie sie sind.

Während die Gedanken allmählich zurückkehren, richten Sie
die Aufmerksamkeit auf Ihre Umgebung, den Stuhl und die Aussicht aus dem Fenster. Versuchen Sie, dies alles einfach nur zu sehen – ohne Urteile oder Meinungen. Seien Sie einfach dort, in
dieser Umgebung. Versuchen Sie, auch Ihre Gedanken auf diese
Weise zu»sehen«.

Betrachten Sie nun Ihren Körper auf die gleiche Weise. Wie
fühlen Sie sich? Müde, unruhig, angespannt, matt oder voller
Energie? Achten Sie auf körperliche Eindrücke, die einen Einfluss darauf haben könnten, wie Sie sich im Laufe des Tages verhalten werden. Üben Sie dieses»Sehen« auch in Bezug auf Ihre
seelische und geistige Befindlichkeit. Wie geht es Ihnen damit?

Als nächstes»beurteilen« Sie nun Ihre körperliche und geistige Befindlichkeit, doch enthalten Sie sich dabei jeder Zuweisung

von Schuld, Kritik oder Lob. Gibt es Gefühle von Schmerz oder verlorenem Gleichgewicht, so senden Sie sie mit dem Ausatmen hinaus in den Raum. Spüren Sie, wie sie sich in Nichts auflösen. Beenden Sie diese Sitzungen mit einem Gefühl von Gleichgewicht und Harmonie. Wenn Sie wollen, können Sie nun Ihre Planung für den Tag erledigen. Versuchen Sie, diese frische Aufmerksamkeit so lange es geht beizubehalten.

Nichtstun II

Dauer: 10–15 Minuten
Position: Wie bei »Nichtstun I«

Machen Sie diese Übung, nachdem Sie die wichtigsten Arbeiten des Tages erledigt haben. Warten Sie damit nicht bis zum späten Abend. Vor oder nach dem Abendessen ist meistens eine gute Zeit. Mit dieser Übung können Sie sich entspannen und den Rest des Abends genießen.

Beginnen Sie die Sitzung wie die Morgenübung mit entspanntem Atmen. Betrachten Sie wieder die Umgebung sowie Ihre körperlichen und seelischen Empfindungen. Achten Sie dieses Mal etwas stärker darauf, welche Gefühle die Menschen, denen Sie bei der Arbeit begegnet sind, bei Ihnen ausgelöst haben. Achten Sie vor allem darauf, in welcher Weise negative Gefühle wie Ablehnung, Ungeduld, Ärger oder Eifersucht entstanden sind. Berücksichtigen Sie auch Gefühle von Dumpfheit, Taubheit oder Gleichgültigkeit. Was würden Sie lieber nicht wahrnehmen?

Sie können aber auch in dieser Zeit darüber reflektieren, wie sich eine bestimmte Übung aus diesem Buch auf Ihre Erfahrungen auswirkt. Beenden Sie die Sitzung mit einer kurzen Feststellung, welche Bereiche noch einer speziellen Bearbeitung bedürfen.

Tagebuch schreiben

Dauer: 5–10 Minuten
Position: Sie sitzen bequem am Schreibtisch.

Führen Sie das Tagebuch am besten abends, wenn möglich unmittelbar nach der Übung »Nichtstun II«. Im Allgemeinen sollten die Einträge nicht mehr als fünf oder zehn Minuten beanspruchen. Sie wollen keinen Roman schreiben; es genügen kurze Notizen. Es reicht aus, wenn Sie sich bei der späteren Lektüre eines Eintrags wieder an die entsprechenden Ereignisse und Gefühle erinnern können.

Zu Beginn der Arbeit mit dem neuen Tagebuch sollten Sie sich darauf beschränken, nur Ihre Gefühle aufzuzeichnen. Machen Sie vorher unbedingt die Übung »Nichtstun II«. Fühlen Sie sich glücklich, traurig, gestresst oder frustriert? Achten Sie auch auf ungelöste oder frustrierende Ereignisse: die falsche Vorstellung, die jemand von Ihrer Arbeit hat; Meinungsverschiedenheiten, die Sie nicht auflösen können; Zusagen, die nicht gehalten wurden; Gefühle von Misstrauen. Beachten Sie auch die »positiven« Begebenheiten: Freundschaft; die Freude bei der Entwicklung einer gemeinsamen Idee; ein Flirt; ein Lob von Ihrem Chef; eine Arbeit, die Sie gut erledigt haben. Es zählt alles, ob gut oder schlecht, was Ihr Bewusstsein oder Ihre Gefühle berührt. Achten Sie auch auf Dinge, auf die Sie hätten reagieren sollen, es aber nicht getan haben. Vielleicht konnten Sie keinen Kontakt zu Ihren Gefühlen finden oder es hat Ihnen jemand Gleichgültigkeit vorgeworfen. Lernen Sie sich und Ihre Muster kennen. Wenn Sie sich später erneut dem Stoff in Teil I dieses Buchs zuwenden, können Sie sich mit diesen Gefühlen direkt beschäftigen, um sie zu verändern. Dies gilt vor allem für Gefühle in Bezug auf andere Menschen.

Geben Sie jedem Tag eine Note: ein Plus, wenn es ein guter Tag war, ein Minus für einen nicht so guten und eine Null für einen neutralen Tag. Sie können auch ein eigenes, komplexeres Bewertungssystem entwickeln. Halten Sie einmal pro Woche Rückschau, am besten an einem ruhigen Abend am Wochenende. Reservieren Sie dafür etwa eine halbe Stunde. Betrachten Sie die Ereignisse und Benotungen der abgelaufenen Woche. Vielleicht wollen Sie eine bestimmte Note verändern; streichen Sie dabei jedoch auf keinen Fall die ursprüngliche Benotung aus. Addieren Sie nun die Gesamtnote der Woche und betrachten Sie das Ergebnis. Falls Sie ein sich ständig wiederholendes Muster entdecken, möchten Sie jetzt vielleicht eine der Erste-Hilfe-Übungen wie »Arbeit mit intensiven Emotionen« (Seite 140–143) oder »Die Klärung von Schuld« (Seite 143–146) einfügen.

Wiederholen Sie diesen Prozess ab und zu, auch auf der Basis ganzer Jahre. Wie waren die vorangegangenen Monate? Wenn Sie das Tagebuch gut geführt haben, sollte dies nicht sonderlich viel Zeit in Anspruch nehmen. Ein ruhiger Abend während eines Entspannungs-Retreats bietet eine besonders günstige Gelegenheit für solche Betrachtungen. Vielleicht wäre dies überhaupt ein Anlass, um einmal ein derartiges Retreat zu machen.

Im Prinzip ist das Tagebuch die Aufzeichnung dessen, wer Sie sind und wer Sie gerade werden. Es ist nur für Sie bestimmt. Seien Sie also so aufrichtig wie möglich. Und seien Sie nicht überrascht, wenn bei der Arbeit mit dem Tagebuch oder bei den kontemplativen Übungen eine Menge »Müll« hochkommt. Vielleicht erinnern Sie sich wieder an Gefühle, die sehr lange in Ihrem Unbewussten vergraben waren. Möglicherweise schärft sich auch das Gewahrsein für Ihre gegenwärtigen Gefühle.

Gelegentlich können diese Emotionen sehr intensiv werden. Die beiden nächsten Übungen sind ausgesprochen hilfreich, wenn Sie ein bestimmtes Thema »durcharbeiten« wollen oder einfach mit einem überwältigenden Gefühlssturm fertig werden möchten.

Arbeit mit intensiven Emotionen

Dauer: 30–60 Minuten
Position: Wählen Sie einen ruhigen und geschützten Ort, wo
Sie in den Himmel blicken können, ohne gestört zu werden.
Sie können auf einem Hügel stehen, auf einer Bank am
Fluss sitzen oder einfach vor einem offenen Fenster.

Diese Übung soll Ihnen dabei helfen, mit einem intensiven emotionalen Chaos umzugehen, aus dem Sie sich nur schwer befreien können. Zunächst geht es darum zu akzeptieren, dass Sie sich mitten in einem solchen Sturm befinden. Ihr Tagebuch und Ihre täglichen Aufmerksamkeits-Übungen sollten Ihnen dabei helfen. Machen Sie diese Übung, sobald Sie feststellen, dass Sie in ein emotionales Chaos hineingeraten. Warten Sie mit dem Beginn des Heilungsprozesses nicht bis zum völligen Zusammenbruch.

Versuchen Sie zunächst, Ihren Geist von sämtlichen Gedanken zu befreien. Üben Sie »Nichtstun«, wobei Sie sich insbesondere auf das Atmen konzentrieren. Atmen Sie tief ein, halten Sie kurz die Luft an und atmen Sie dann energisch aus. Machen Sie das so lange, bis Sie merken, dass sich Ihr Herzschlag allmählich beruhigt. Versuchen Sie, wenigstens ein bisschen Ruhe zu finden.

Lassen Sie es nun zu, dass Ihr innerster Schmerz an die Oberfläche kommt. Lassen Sie alle Gedanken oder Emotionen einfach los. Heben Sie die verschiedenen emotionalen Schichten ab wie die Schalen einer Zwiebel – eine nach der anderen. Lassen Sie jede Schicht sanft nach oben schweben und sich auflösen. Achten Sie insbesondere darauf, wie sich all das auflöst, was Ihnen dunkel, schwer und fest vorkommt. Stellen Sie sich die Emotionen einfach als dunklen Rauch vor.

Es kann sein, dass Dutzende von solchen emotionalen Schichten übereinander liegen. Lassen Sie sie alle in den leeren Raum verschwinden. Lassen Sie sie los, und erlauben Sie Ihnen, sich von Ihren Schultern und Ihrer Brust zu lösen. Irgendwann werden Sie dann bemerken, wie Sie sich allmählich leichter fühlen, weil Sie sich von diesem enormen Gewicht befreit haben. Dann ist es Zeit, sich den Emotionen selbst zuzuwenden. Fragen Sie sich zunächst: »Was ist das für eine Emotion?« Vielleicht finden Sie diese Frage seltsam. Doch schauen Sie näher hin! Welche Farbe hat die betreffende Emotion? Wo befindet sie sich? In Ihrem Kopf? In Ihrem Herzen? In der großen Zehe? Welchen Geschmack hat sie? Wie sieht sie aus? Schließen Sie die Augen, wenn Sie mögen. Versuchen Sie, das Gefühl möglichst genau in Ihrem Körper zu lokalisieren. Suchen Sie das Zentrum. Spüren Sie so genau wie möglich in das Gefühl hinein und umarmen Sie es. Wenn Sie das Zentrum der Emotion gefunden haben – gehen Sie weiter in das Zentrum des Zentrums, und so weiter. So weit, bis Sie sich zum winzigen, atomaren Mittelpunkt der Emotion vorgearbeitet haben, und dann auch noch darüber hinaus ins Nichts.

Wenn Sie das Zentrum oder diesen leeren Kern gefunden haben oder wenn Sie ihn sich zumindest vorstellen können, öffnen Sie wieder Ihre Augen und blicken in den Raum hinaus. Machen Sie einige tiefe Atemzüge. Stellen Sie sich vor, wie all diese Schichten von Emotionen, die das Zentrum umgeben haben, in den Raum hinaus schweben und sich in Nichts auflösen. Lassen Sie sie los. Spüren Sie, wie wenig eigene Substanz sie haben, wie transparent sie sind.

Vielleicht können Sie jetzt ein Nachlassen der emotionalen Intensität wahrnehmen. Nehmen Sie dies einfach genau so wahr wie zuvor das emotionale Chaos.

Möglicherweise beginnen die Emotionen nach einigen Minuten oder nach längerer Zeit, sich erneut zu verfestigen. Wiederholen Sie dann die Übung noch einmal. Lassen Sie es zu, dass sich die Emotionen ins Nichts auflösen, dass die Gefühle wie zarte Schleier in den Raum hinaus schweben. Sie können diese Übung ruhig einige Male wiederholen, bis Sie eine gewisse innere Ruhe wiedergewonnen und die Eindrücke in positiver Weise für sich integriert haben. Vielleicht brauchen Sie eine halbe oder sogar eine ganze Stunde.

Möglicherweise taucht während eines Zyklus die Frage auf: »Woher kommt diese Emotion?« Vielleicht hängt sie mit einem anderen Menschen zusammen, einer Auseinandersetzung oder einem bestimmten Verlust. Stellen Sie sich die Frage: »Hat die andere Person meine Emotion verursacht? Wirklich? Hat sie sie in mich hineingesteckt? Hat der andere Schuld?« Aber vielleicht glauben Sie auch, dass diese Emotionen das Ergebnis Ihres eigenen realen oder eingebildeten Versagens sind. Fragen Sie sich: »Was hat diese Emotionen verursacht? Woher stammen sie wirklich?«

Es kann sein, dass Ihre unangenehmen Emotionen von einem Gefühl von Schuld begleitet werden, einer Schuld, die Sie entweder bei sich oder bei jemand anderem sehen. Es ist wichtig, diese Schuldgefühle aufzulösen. Rufen Sie sich in Erinnerung, was uns allen gemeinsam ist: Jeder Mensch möchte glücklich sein. Wie auch immer es sich zugetragen hat, das betreffende Ereignis hat stattgefunden, weil jemand sein Glück gesucht hat. Nachdem Sie einige Tage oder Wochen mit dieser Übung gearbeitet haben, können Sie vielleicht genauer erkennen, welches konkrete Fehlverhalten Ihnen Kummer bereitet hat. War es etwas, was Sie selbst getan haben, dann verzeihen Sie sich – und wenden sich wieder dem Leben zu. War es das Fehlverhalten einer anderen Person, dann versuchen Sie, die Gründe dafür zu erkennen.

Selbstverständlich werden Sie intensive negative Emotionen nicht innerhalb einer Sitzung los. Möglicherweise spüren Sie eine gewisse Erleichterung, doch nach einer Weile werden die Sorgen und Ängste zurückkommen. Je nach Tiefe und Intensität der betreffenden Gefühle werden Sie mit dieser Übung mehrere Tage, Wochen oder sogar Monate arbeiten müssen. Vernachlässigen Sie dabei nicht die entsprechenden Notizen in Ihrem Tagebuch. Kehren Sie gelegentlich zu Ihren früheren Einträgen zurück. Es kann hilfreich sein, zu erkennen, wie sich unsere Emotionen im Verlauf dieses Prozesses wandeln.

Die Klärung von Schuld

Dauer: Nach Belieben
Position: Bequem sitzend

Häufig werden schmerzliche Gefühle von intensiven Schuldzuweisungen begleitet. Jedenfalls ist dies in westlichen Kulturen oft der Fall. Wir glauben, dass unser Leiden durch das Versagen von jemandem verursacht wurde, der unsere Erwartungen nicht erfüllt hat. Schuldzuweisungen sind wie das Narbengewebe nach einer Verletzung. Manchmal glättet es sich und verschwindet von allein, und manchmal entstellt es uns dauerhaft. Diese Übung ist nun eine Art kosmetische Chirurgie für unsere Seele.

Es gibt zwei Anlässe, bei denen diese Übung hilfreich sein kann. Der erste besteht dann, wenn Sie merken, das Sie gerade im Moment jemandem für irgendetwas die Schuld geben. Hier kommt es auf den richtigen Zeitpunkt an. Je eher Sie mit der Übung anfangen, desto rascher kann der Heilungsprozess beginnen.

Der zweite Anlass ist etwas komplexer. Es ist wahrscheinlich, dass Sie mit den Übungen aus diesem Buch wieder an alten Erinnerungen rühren werden, von denen einige sehr schmerzhaft sein können. Dabei kann es sich um Erinnerungen an eine gescheiterte Beziehung handeln, an den Tod eines nahe stehenden Menschen oder an ein von Gefühlen intensiver Peinlichkeit begleitetes eigenes Versagen. Solche Emotionen können uns noch Jahrzehnte nach dem eigentlichen Ereignis plagen. Wenn solche Erinnerungen auftauchen, können Sie mit Hilfe dieser Übung an der Heilung der darin steckenden, ungelösten Emotionen arbeiten.

In beiden Fällen ist der Ablauf der gleiche. Er beginnt mit der Einsicht, dass Sie irgendjemandem die Schuld für irgendetwas geben. Das kann eine andere Person, eine Situation oder auch Sie selbst sein. Sie sollten diese Übung in Intervallen so lange wiederholen, bis die Erinnerung an das Ereignis keine besondere emotionale Reaktion mehr hervorruft. Sie werden von selbst wissen, wann es so weit ist. In besonders extremen Fällen kann sich dieser Prozess allerdings über mehrere Jahre hinweg erstrecken.

Für die Arbeit brauchen Sie Papier und Bleistift sowie einige künstlerische Materialien wie Farben und Ton. Die Übung selbst erfolgt in drei Schritten, die man im Rahmen einer einzigen oder mehrerer Sitzungen, die jedoch relativ dicht aufeinander folgen sollten, durchlaufen kann.

Beginnen Sie zunächst mit einer Entspannungsübung wie »Arbeit mit intensiven Emotionen«. Notieren Sie anschließend Ihre Erinnerung an die mit Schuldgefühlen verbundene Situation. Beschreiben Sie das Erlebnis aus Ihrer eigenen Perspektive. Beschreiben Sie, was vorgefallen ist, welches Unrecht Ihnen geschehen ist, wie Sie sich damals gefühlt haben und wie Sie sich heute fühlen. Versuchen Sie, das Ereignis noch einmal nachzuerleben. Verwenden Sie als Erinnerungsstütze gegebenenfalls die Einträge Ihres Tagebuchs. Nachdem Sie sich das gesamte Ereignis wieder in Erinnerung gerufen haben, untersuchen Sie, welche Gefühle Sie heute dabei haben. Achten Sie vor allem auf Ihre Gefühle in Bezug auf andere Menschen und Situationen. Wie viel Sie aufschreiben wollen, hängt ganz von Ihnen ab. Lesen Sie zum Schluss Ihre Aufzeichnungen noch einmal durch. Nun ist es Zeit für einen Spaziergang oder eine Kaffeepause. Nehmen Sie sich die Zeit, um über Ihre Gefühle zu reflektieren. Vielleicht möchten Sie sie in einem Bild oder einer Figur aus Ton darstellen.

Kehren Sie danach zur Übung zurück. Notieren Sie dieses Mal jedoch das Ereignis aus der Perspektive Ihres Widersachers.

Falls Sie sich selbst die Schuld für etwas gegeben haben, versetzen Sie sich jetzt in die Lage Ihres Opfers. Versuchen Sie, die Situation aus den Gefühlen und Gedanken des anderen heraus zu erleben. Bemühen Sie sich, den anderen wirklich zu verstehen. Wenn Sie so weit gekommen sind, möchten Sie vielleicht einen Spaziergang machen oder eine Tasse Tee trinken. Auch jetzt können Sie, wenn Sie möchten, mit Farben oder Ton arbeiten, wobei Sie die Perspektive Ihres Widersachers einnehmen.

Zuletzt durchlaufen Sie die ganze Übung noch einmal aus der Position eines neutralen Beobachters, einer Person, die keinerlei versteckte Interessen an dem betreffenden Vorfall hat. Versuchen Sie, das Ereignis von einem objektiven Standpunkt aus zu betrachten.

Wenn Sie damit fertig sind, wenden Sie sich noch einmal Ihren eigenen Gefühlen zu. Hoffentlich haben Sie zur Frage der Schuldzuweisungen eine neue Perspektive gewinnen können. Vergeben Sie dem oder den anderen, so weit es Ihnen möglich ist. Und was genauso wichtig ist: Verzeihen Sie auch sich selbst. Dies ist der Zeitpunkt der Versöhnung.

Legen Sie nun Ihre Unterlagen eine Zeit lang beiseite. Im natürlichen Verlauf Ihrer rückblickenden Arbeit mit dem Tagebuch werden Sie vielleicht in einigen Wochen oder Monaten darauf zurückkommen. Möglicherweise ergibt sich aber auch dadurch ein Anlass, dass sich wieder einmal ein vergleichbarer Vorfall ereignet, beispielsweise eine ähnliche Auseinandersetzung mit einem Kollegen oder eine Ihnen schon bekannte Form des eigenen Versagens. Arbeiten Sie mit diesem Prozess auf jeden Fall so lange, bis Sie das Gefühl haben, von den betreffenden Emotionen nicht mehr »gejagt« oder »besessen« zu sein.

Hoffentlich gewinnen Sie im Verlauf dieses Prozesses ein Mehr an Klarheit und innerem Frieden. Möglicherweise verstehen Sie jetzt auch besser, welche Wirkung vergangene Ereignisse auf die Gegenwart haben. Wenn Sie die früheren Vorgänge betrachten, sollten Sie nie vergessen, dass hinter allem immer wieder der Wunsch nach Glück zu finden ist. Was wir aus der Vergangenheit lernen sollten, ist nicht, wem man die Schuld geben kann, sondern wie man Ungeschicktheit und Dummheit erkennen und vermeiden kann, damit sie sich nicht ewig wiederholen.

Unausgewogene Entwicklungen der Vergangenheit zu heilen ist allerdings weder leicht noch rasch erledigt. Manche emotionalen Muster haben sich über Jahrzehnte hinweg entwickelt. Man trennt sich davon nicht im Laufe weniger Tage. Daher ist Geduld gefragt. Wenn Sie zum Beispiel nach einigen Sitzungen feststellen, dass sich ein bestimmter emotionaler Konflikt nicht auflösen lässt, sollten Sie die Arbeit daran einige Wochen oder Monate lang zurückstellen. Irgendwann in der Zukunft werden die schmerzlichen Erinnerungen wieder auftauchen. Dann ist es Zeit, die Übung erneut aufzunehmen und zu sehen, ob Sie nun mit den betreffenden Gefühlen besser umgehen können.

DIE FORTLAUFENDEN ÜBUNGEN

Wie bereits erwähnt, können Sie mit dieser Serie von fortlaufenden Übungen beginnen, wenn Sie eine Zeit lang mit den täglichen Übungen gearbeitet und sich damit vertraut gemacht haben. Arbeiten Sie die Übungsreihe so wie hier vorgesehen durch, werden Sie etwa zwei Jahre brauchen. Möglicherweise werden Sie länger brauchen, doch sollten Sie die Reihe auf jeden Fall innerhalb von drei Jahren abschließen.

Jede Übung steht mit einem oder mehreren Kapiteln aus Teil I dieses Buches im Zusammenhang. Vielleicht hilft es, wenn Sie vor jeder Übung die entsprechenden Abschnitte noch einmal lesen.

Übungsplan

Übung	Woche	Dauer
Atmen	1.	10 Minuten, zweimal pro Tag
Gefühle	2.–3.	40–50 Minuten, einmal pro Tag
Das goldene Tor des Mitgefühls	4.–5.	30 Minuten, einmal pro Tag

Die äußeren Elemente

Übung	Woche	Dauer
Erde	6.–8.	30–40 Minuten, einmal pro Tag, sechsmal pro Woche
Wasser	9.–11.	30–40 Minuten, einmal pro Tag, sechsmal pro Woche
Feuer	12.–14.	30–40 Minuten, einmal pro Tag, sechsmal pro Woche
Luft	15.–17.	30–40 Minuten, einmal pro Tag, sechsmal pro Woche
Raum	18.–20.	30–40 Minuten, einmal pro Tag, sechsmal pro Woche
Integration	21.–22.	30–40 Minuten, einmal pro Tag, sechsmal pro Woche

Das heilende Licht

Übung	Woche	Dauer
Den Körper heilen:		
Das weiße Licht	23.–25.	30–45 Minuten, einmal pro Tag, sechsmal pro Woche
Die Sprache heilen:		
Das rote Licht	26.–28.	30–45 Minuten, einmal pro Tag, sechsmal pro Woche
Den Geist heilen:		
Das blaue Licht	29.–31.	30–45 Minuten, einmal pro Tag, sechsmal pro Woche
Auszeit	32.–33.	

Übung	Woche	Dauer
Die Kontemplation »Positiv/Negativ«	34.–37. (tägl. abwechselnd mit »Der Spiegel«)	15–20 Minuten, einmal pro Tag, an drei oder vier Tagen pro Woche
Der Spiegel	34.–37. (tägl. abwechselnd mit der »Positiv/ Negativ«- Kontemplation)	30–40 Minuten, einmal pro Tag, an drei oder vier Tagen pro Woche
Das innere goldene Potential	38.–40.	50–60 Minuten, einmal pro Tag, sechsmal pro Woche – plus jeweils 60 Minuten einer sinnvollen Beschäftigung unmittelbar nach jeder Sitzung
Freunde	41.–43.	etwa 45–55 Minuten, einmal pro Tag, sechsmal pro Woche
Widersacher	44.–47.	etwa 45–55 Minuten, einmal pro Tag, sechsmal pro Woche
Ausdehnen/ Zusammenziehen	48.–51.	etwa 45 Minuten, einmal pro Tag, sechsmal pro Woche
Der Regenbogen	52.–54.	etwa 45 Minuten, einmal pro Tag, sechsmal pro Woche
Auszeit	55.	
Rückschau auf die äußeren Elemente	56.–60.	etwa 45 Minuten, einmal pro Tag, sechsmal pro Woche

Die inneren Elemente

Übung	Woche	Dauer
Erde	61.–64.	etwa 45 Minuten, einmal pro Tag, sechsmal pro Woche
Luft	65.–68.	etwa 45 Minuten, einmal pro Tag, sechsmal pro Woche
Wasser	69.–72.	etwa 45 Minuten, einmal pro Tag, sechsmal pro Woche
Feuer	73.–76.	etwa 45 Minuten, einmal pro Tag, sechsmal pro Woche
Raum	77.–80.	etwa 45 Minuten, einmal pro Tag, sechsmal pro Woche
Integration	81.–84.	etwa 45 Minuten, einmal pro Tag, sechsmal pro Woche
Universelles Mitgefühl	85.–88.	etwa 45 Minuten, einmal pro Tag, sechsmal pro Woche

Atmen

Übungsplan: Erste Woche
Dauer: 10 Minuten, zweimal pro Tag
*Position: Sitzend auf dem Boden oder mit geradem Rücken
auf einem Stuhl oder leicht breitbeinig stehend. Wenn mög-
lich vor einem Fenster mit schöner Aussicht oder einer freien
Wand.*

Jeder weiß, wie man atmet. Jedenfalls glauben wir das. Doch genauso, wie wir unterschiedlich gehen und sprechen, kann die Art
und Weise, in der wir atmen, sehr viel über unsere inneren Zustände verraten.

Vielleicht können Sie sich an ein Ereignis erinnern, bei dem Sie so große Angst hatten, dass es Ihnen den Atem verschlagen hat. Vielleicht können Sie sich im Gegensatz dazu aber auch erinnern, wie Sie einmal frühmorgens inmitten einer friedvollen Natur mit tiefen Zügen die saubere und frische Luft eingeatmet haben. Es gibt viele Arten des Atmens. Es gibt Atemtechniken, die uns anregen, und solche, die uns entspannen können.

Als Allererstes sollten Sie sich mit der hier vorgestellten fundamentalen Atemübung beschäftigen. Sie wird Ihnen zu mehr Entspannung und Wohlbefinden verhelfen. Nehmen Sie sich die fünf bis zehn Minuten, die diese Übung erfordert, bevor Sie mit irgendeiner der anderen Übungen beginnen. Selbstverständlich hilft Ihnen diese Übung jederzeit, wenn Sie das Bedürfnis nach Entspannung verspüren.

Die Übung besteht aus einer Reihe langsamer und tiefer Atemzüge. Wenn Sie sich besonders unruhig oder unkonzentriert fühlen, versuchen Sie zunächst, sich so gut es geht zu sammeln. Entspannen Sie die Schultern. Legen Sie die Hände mit den Handflächen nach unten auf die Oberschenkel, oder stecken Sie sie lose in Ihre Jackentaschen, falls Sie sich gerade in einer Flughafenlounge oder auf einem Bahnsteig befinden. Spüren Sie, wie Ihr Körpers tiefer in sich zu ruhen beginnt.

Beginnen Sie nun, langsam und gleichmäßig durch die Nase zu atmen. Atmen Sie etwas tiefer ein als gewöhnlich und halten Sie den Atem kurz an. Das Ausatmen (am besten durch den Mund) geschieht ebenfalls etwas tiefer und länger als gewöhnlich. Bei jedem Ausatmen stellen Sie sich vor, wie sämtliche innere Schlacken, all das, was Sie nach unten zieht, aus Ihnen entweicht und sich wie grauer Rauch in der Luft auflöst. Beim Einatmen stellen Sie sich dann die frische, klare Luft vor, an die Sie sich seit jenem Morgen auf dem Lande erinnern. Spüren Sie, wie sie Körper und Geist erfrischt.

Wiederholen Sie diesen Kreislauf mindestens fünfmal, besser noch bis zu zwanzigmal, jedenfalls bis Sie sich entspannt fühlen.

151

Springen Sie nach dieser Übung nicht sofort auf (es sei denn, Ihr Flug wird gerade aufgerufen). Bewahren Sie statt dessen noch einige Augenblicke lang Ihre innere Ruhe. Stellen Sie fest, ob es einen Unterschied in Ihrer Wahrnehmung gibt. Können Sie Ihre Umgebung und Ihren Körper deutlicher wahrnehmen? Wenn Ihre Anspannung im späteren Verlauf des Tages steigt, sollten Sie versuchen, sich an dieses Gefühl zu erinnern. Sie können diese Übung mehrmals am Tag wiederholen.

Während der ersten Woche Ihrer Arbeit mit den fortlaufenden Übungen genügt es, wenn Sie diese Übung in ihrer längeren Form zweimal pro Tag wiederholen. Dadurch bauen Sie allmählich die Gewohnheit auf, sich regelmäßig zu entspannen und mit einer Übung zu beschäftigen.

Gefühle

Übungsplan: 2.–3. Woche
Dauer: 40–50 Minuten, einmal pro Tag
Position: Legen Sie sich auf den Boden oder eine andere feste, jedoch nicht zu harte Unterlage. Gut geeignet ist eine Yogamatte oder eine zusammengelegte Decke. Wer Rückenprobleme hat oder nicht mehr ganz so beweglich ist, kann sich zur Unterstützung ein kleines Kissen unter die Knie oder das Gesäß legen. Die Lage sollte so bequem sein, dass man sie während der gesamten Übung bequem beibehalten kann. Der Körper liegt symmetrisch, die Arme ruhen neben dem Körper mit den Handflächen nach oben. Beide Schultern sind entspannt. Stellen Sie so viel Kontakt mit dem Boden her wie möglich.

Bei dieser Übung dürfen Sie nicht zu müde sein. Spät abends nach einem harten Tag ist eine ungünstige Zeit – es sei denn, Sie machen diese Übung im Bett, um besser einzuschlafen. Das ist in Ordnung, so lange Sie die Übung auch zu wacheren Zeiten wiederholen.

Sie wollen sich selbst besser kennen lernen, und dazu sollten Sie zunächst Ihren Körper wieder entdecken, wieder entdecken, wie eng Ihre Gedanken mit ihren körperlichen Manifestationen verbunden sind. Die Arbeit, speziell die Büroarbeit, verleitet uns zu einem Leben »vom Hals an aufwärts«. Wir schenken unseren mentalen Konstruktionen viel mehr Aufmerksamkeit als der Interaktion zwischen unserem Körper und der Welt. Viele Signale, die der Körper aussendet – ob positive oder negative – werden ignoriert. Die Übung kann uns helfen, diesen Zustand zu überwinden.

Nehmen Sie zunächst ganz bewusst einen Augenblick lang Ihre Umgebung wahr. Spüren Sie den Boden, die Stellen, wo Ihr Körper mit ihm Kontakt hat. Atmen Sie einige Male tief durch. Lassen Sie in sich ein Gefühl der Erdung entstehen.

Gleiten Sie mit Ihrer Aufmerksamkeit den Körper hinab bis zu den großen Zehen. Seien Sie ganz dort, in dieser Region. Spüren Sie Ihre Zehen. Keine Sorge, wenn dies nicht gleich auf Anhieb klappt. Nach den großen Zehen kommen die übrigen Zehen an die Reihe. Verteilen Sie die Aufmerksamkeit gleichmäßig auf beide Füße. Machen Sie weiter mit den Füßen, den Knöcheln, den Unterschenkeln. Bleiben Sie mit der Aufmerksamkeit jedes Mal einige Minuten lang in der betreffenden Region. Dieser Prozess sollte recht langsam vonstatten gehen. Geben Sie sich die Chance, diese Erfahrung wirklich zu durchleben.

Die weiteren Stationen heißen Knie, Oberschenkel, Hüfte usw. Achten Sie stets darauf, was Ihr Körper fühlt. Angenehmes oder Unangenehmes? Gibt es Verspannungen? Schmerzen? Oder eine Erinnerung an etwas derartiges? Haben Sie schon so viel erlebt, das Sie sich an eine zurückliegende Verletzung erinnern können? Gibt es eine Narbe oder bestimmte dort lokalisierte Gefühle? Achten Sie auch auf den Zusammenhang von Körpergefühlen und Emotionen. Viele von uns wissen, wie es sich anfühlt, wenn man Spannungen und Sorgen in Schultern und Nacken mit sich herumträgt. Tragen Sie noch weiteres emotionales Gepäck mit sich herum? Vielleicht einen Magen voller Angst oder einen Hals voller Wut ...

Registrieren Sie die körperlichen und seelischen Empfindungen, ohne zu versuchen, sie zu analysieren. Jetzt geht es nicht um »Warum« und »Wer-hat-was-gemacht«. Im Augenblick brauchen Sie nichts weiter zu entdecken, als dass Sie Gefühle haben und dass Ihr Körper untrennbar damit zusammenhängt.

Arbeiten Sie sich systematisch durch den ganzen Körper. Bei Hals und Kopf sollten Sie sowohl auf die äußeren wie auf die inneren Bereiche achten: die Nase mit ihren Öffnungen, der Mund von den Lippen bis zum Rachen. Der gesamte Prozess sollte etwa 30 bis 40 Minuten beanspruchen.

Wenn Sie den höchsten Punkt des Kopfes erreicht haben, kehren Sie die Richtung um und arbeiten sich zurück durch den Kopf bis zu den Füßen und Zehen. Dieses Mal jedoch sollte der Durchgang viel zügiger erfolgen und nicht länger als eine Minute dauern. Stellen Sie sich vor, der Körper sei mit Wasser gefüllt, das durch Ihre Zehen abfließt. Folgen Sie dem Zug der Strömung durch den Körper, und nehmen Sie dabei alle Körperregionen wahr. Stellen Sie sich vor, wie alle Schmerzen und Krankheiten zu den Zehen hinaus gespült werden.

Atmen Sie normal weiter und richten Sie die Aufmerksamkeit auf den Atem. Spüren Sie, wie beim Einatmen jede Faser des Körpers »berührt« wird und wie der Körper darauf beim Ausatmen reagiert. Beobachten Sie den Atem etwa fünf Minuten lang. Dann können Sie langsam anfangen, sich zu dehnen. Wackeln Sie mit Zehen und Fingern. Spannen Sie die Oberschenkelmuskeln an, und ziehen Sie die Schultern hoch, als ob Sie eine Katze wären, die gerade wach geworden ist.

Wenn der richtige Zeitpunkt gekommen ist, richten Sie sich auf und gehen zu Ihren normalen Aktivitäten über. Versuchen

Sie, etwas von dieser geschärften Selbst-Wahrnehmung zu behalten. Achten Sie zum Beispiel darauf, wie sich Ihr Körper bewegt, oder seien Sie sich des Drucks zwischen Füßen und Boden bewusst. Können Sie diese Aufmerksamkeit noch zehn Minuten lang aufrechterhalten?

Das goldene Tor des Mitgefühls

Übungsplan: 4.–5. Woche
Dauer: 30 Minuten, einmal pro Tag
Position: Sitzend auf einem Kissen auf dem Boden oder auf
einem Stuhl. Die Augen sind geöffnet, und man blickt ohne
Fokus geradeaus ins Unendliche.

Mit dieser Übung können Sie Ihr eigenes Potential zur Transformation und Selbstheilung entdecken. Alles, was Sie zu Ihrem Glück und Ihrer Erfüllung brauchen, besitzen Sie bereits. Mehr brauchen Sie nicht.

Häufig glaubt man, die Transformation sei ein Prozess, bei dem man alles Alte wegwirft und, wie beim Wechsel einer Mode, durch etwas Neues ersetzt. Als ob man aus seinem Leben auswandern müsste, um sein Glück zu finden. Aber in Wirklichkeit sind es genau diese Verrücktheiten und diese Konfusion, die uns den Schlüssel zu unserer Transformation liefern. Man könnte sagen: Unter all dem Müll liegt ein kostbarer Diamant verborgen. Mit dieser Übung können Sie erkennen, dass es diesen Diamanten wirklich gibt und dass er Ihnen hilft, sobald Sie ihn darum bitten. So lange Sie noch kein Vertrauen in Ihre eigene Fähigkeit der Selbst-Heilung besitzen, können Sie auch die Verantwortung für das eigene Glück und die eigene Erfüllung noch nicht wirklich übernehmen.

Starten Sie mit der Atemübung auf den Seiten 150–152. Stellen Sie sich vor, wie Sie an einem Ort sitzen, von dem aus Sie eine besonders weite Aussicht haben, zum Beispiel ein Berggipfel oder ein Strand am Meer. Der wolkenlose Himmel hat ein tiefes Blau. Alternativ dazu können Sie sich auch eine klare mondlose Nacht mit einem Himmel voller Sterne vorstellen. Nehmen Sie sich einige Augenblicke Zeit, um sich wirklich in diese Szene hineinzuversetzen. Es genügt, wenn Sie das Gefühl entwickeln, in einer solchen Umgebung zu sein. (Sie brauchen also keine Halluzination zu erzeugen). Spüren Sie, welche Entspannung und Ruhe Sie in der Vergangenheit empfunden haben, wenn Sie Gelegenheit hatten, in einer solchen Situation zu sein.

Nach einer Weile stellen Sie sich vor, wie Sie ein goldenes Licht am Himmel sehen, das aus großer Entfernung allmählich näher kommt. Plötzlich erkennen Sie, dass es sich dabei um ein goldenes Tor handelt, das sich einladend für Sie öffnet.

Achten Sie jetzt auf Ihren Atem, verfolgen Sie die Bewegung des Atems durch den ganzen Körper. Registrieren Sie auch, was Sie gerade fühlen. Vielleicht fällt Ihnen wieder ein, was Sie vorher in Ihr Tagebuch geschrieben haben. Stellen Sie sich vor, wie mit dem Ausatmen alles Gute, alles Schlechte und alles Verwirrende Ihren Körper verlässt. Sie stellen sich vor, wie dies alles Ihren Körper als eine dunkle Rauchwolke verlässt, die hinüber zum goldenen Tor und durch es hindurch weht. Sobald die Wolke das Tor passiert, verwandelt sie sich in goldenes Licht.

Dieses Licht senkt sich wie goldener Regen leicht und sanft auf Sie herab. Es besteht aus reiner Liebe und vollkommenem Mitgefühl. Es enthält alle heilenden Eigenschaften, die Sie brauchen, alles was Ihnen fehlt, um sich geliebt und anerkannt zu fühlen. Machen Sie sich klar, dass einfach alles, was aus Ihrem Innern aufsteigt – jedes Gefühl, jede Erinnerung –, sich in dieser Weise transformieren lässt. Senden Sie ausnahmslos alle Gefühle und Erinnerungen durch das Tor und erlauben Sie ihnen, sich in goldenes Licht zu verwandeln.

Während dieser Übung spielt das Einatmen keine so wichtige Rolle. Sollte sich die Aufmerksamkeit dennoch darauf richten, dann stellen Sie sich vor, wie Sie frische, klare, reinigende Luft einatmen. Das Licht und der goldene Regen verwandeln alles in Ihrer Umgebung in Frische und Reinheit.

Mit seiner Berührung transformiert dieser goldene Lichtregen Ihren Körper, Ihre Rede und Ihren Geist. Alles wird zu Gold. Alles ist in Ordnung, so wie es ist. Spüren Sie, wie der Lichtregen Sie erfüllt und verwandelt und wie die dunkle Wolke der Gedanken und Erinnerungen immer heller und heller wird.

Haben Sie ein Gefühl von Selbst-Heilung und Transformation, so richten Sie Ihre Gedanken auf andere Menschen, die ebenfalls Mitgefühl und Liebe brauchen. Inzwischen ist Ihr Wohlbefinden so stark geworden, dass Sie auch andere einbeziehen können. Sie stellen sich vor, wie sich der goldene Regen ausbreitet und über den anderen Menschen niedergeht. Spüren Sie, dass es niemanden gibt, dem Sie nicht helfen könnten. Der goldene Regen erreicht alle, die ihn brauchen.

Sobald Sie das Gefühl haben, dass die Welt und das Universum mit goldenem Licht erfüllt sind, dass jedem, der es brauchte, geholfen wurde, können Sie das goldene Tor allmählich wieder in den Hintergrund treten lassen. Bald ist es nur noch ein leuchtender Punkt in der Entfernung, der schließlich ganz verschwindet.

Damit ist die eigentliche Übung beendet. Bleiben Sie noch eine Weile still sitzen, um das Erlebnis zu genießen. Sie sind entspannt und zufrieden. Danach recken und strecken Sie sich und beginnen mit Ihren normalen Aktivitäten. Nehmen Sie etwas von dieser Zufriedenheit mit hinüber in den Rest des Abends.

Die äußeren Elemente

In der heutigen Zeit machen viele Menschen mit den Elementen nur noch dann Erfahrungen, wenn sie vom Auto in das geheizte bzw. mit Klimaanlage ausgestattete Büro eilen, wenn ein Unwetter den Verkehr lahmlegt oder wenn die Garagenauffahrt vom Schnee frei geschaufelt werden muss. Unser Leben ist in vielen Fällen schon arg künstlich. Bei den folgenden Übungen nehmen Sie wieder mit den Elementen, und dadurch auch mit sich selbst, Kontakt auf. Die Übungen können auf einem Balkon oder bei einem Spaziergang gemacht werden. Sie sollten versuchen, mindestens eine oder zwei Sitzungen jeder Elemente-Übung draußen in der Natur auszuführen.

In den Wochen, in denen Sie sich mit diesen Übungen beschäftigen, macht es Sinn, wenn Sie auch in der Zeit zwischen den »formalen« Übungsstunden stärker als sonst auf die Manifestation der Elemente in Ihrer Umgebung achten. Vielleicht hören Sie einmal genau hin, welche Ausdrücke, die sich auf bestimmte Elemente beziehen, in Ihrer Sprache vorkommen. Was bedeutet es, wenn man sagt, jemand habe »einen feurigen Charakter« oder sei »erdverbunden«?

Diese Übungen bilden einen Teil der hier vorgestellten Übungsfolge. Vielleicht möchten Sie sich mit ihnen auch einmal im Rahmen eines Retreats ausgiebiger beschäftigen. Jede natürliche Umgebung, ein Wald, ein Strand, fördert ihre Wirkung.

Erde

Übungsplan: 6.–8. Woche
Dauer: 30–40 Minuten, einmal pro Tag,
sechsmal pro Woche

Wir beginnen diese Übung mit einem Spaten voller Gartenerde, die Sie auf einer Plastikplane oder Folie zu einem kleinen Hügel auftürmen. Setzen Sie sich still hin und betrachten Sie diese Erde. Versenken Sie sich hinein in das »Erdige«, die fundamentalen Eigenschaften des Elements. Wie sieht es aus mit dessen Schwere, Festigkeit und Widerstandskraft? Welche Ausprägung haben diese Eigenschaften bei Ihnen selbst?

Irgendwann in dieser Woche sollten Sie einen Ausflug zu einem größeren Erdhaufen unternehmen. Es kann ein richtiger Berg oder auch ein großer Sandhaufen beim örtlichen Zementwerk sein. Betrachten Sie eingehend seine erdigen Qualitäten.

Auch die zweite Woche beginnen Sie zunächst wieder mit der Erdprobe auf der Plastikplane. Spüren Sie sich immer tiefer in das Gefühl der Erdhaftigkeit hinein. Diesmal breiten Sie die Erde mit den Händen gleichmäßig auf der Plane aus. Wie fühlt sich das an? Hat die Erde, so ausgebreitet, die gleiche Anmutung wie im angehäuften Zustand? Was sagt Ihr Gefühl dazu?

Vielleicht gibt es in der Nähe eine Stelle, wo die Erde erodiert ist: auf einem Feld, an einem Hang oder einer Böschung. Fahren Sie dorthin und achten Sie wieder auf Ihre Gefühle. Haben sie sich verändert gegenüber der ersten Woche?

Auch in der abschließenden Woche arbeiten wir mit unserer Gartenerde. Türmen Sie die Erde zügig zu einem Hügel auf und breiten Sie sie dann wieder auf der Unterlage aus. Bauen Sie den Hügel erneut auf, so dass kein Rest Erde übrig bleibt. Wiederholen Sie den ganzen Vorgang dreimal. Achten Sie dabei auf Ihre Gefühle. Gibt es Gefühlsunterschiede, wenn die Erde als Hügel gehäuft ist oder wenn sie flach ausgebreitet liegt?

Suchen Sie eine Stelle, an der man Erde ausgehoben hat, beispielsweise auf einer Baustelle. Schauen Sie zu, wie die Erde von einem Ort zum anderen transportiert wird. Welche Gefühle haben Sie dabei? Wodurch unterscheiden sich diese Gefühle von denen, die Sie beim Anblick eines Berges oder der Erderosion hatten?

Wasser

Übungsplan: 9.–11. Woche
Dauer: 30–40 Minuten, einmal pro Tag,
sechsmal pro Woche

In dieser Übung geht es um fließendes und stehendes Wasser. Zunächst suchen Sie Kontakt mit Wasser in seiner fließenden Form. Das kann ein Springbrunnen im Park, ein Bach oder ein Flusslauf sein. Es geht auch, wenn Sie zu Hause beobachten, wie Wasser in die Badewanne fließt.

Beschäftigen Sie sich während der ersten Woche mit den sanften Strömungen des Wassers. Denken Sie über seine Eigenschaften nach: seinen fließenden Charakter, seinen Zusammenhalt, seine Schmiegsamkeit. Wodurch unterscheiden sich diese Qualitäten von denen der Erde? Betrachten Sie die Flexibilität des Wassers. Bewegen Sie Ihre Hände hindurch, hören Sie auf die Geräusche. Welche Beziehungen gibt es zwischen dem Wasser und Ihren eigenen Emotionen? Hat das Wasser nicht die Kraft, Probleme wegzuwaschen? Lassen Sie den Geist mit dem Wasser fließen. Achten Sie dabei auf Ihre Gefühle. Unternehmen Sie einen Ausflug zu einer Fontäne oder einem kleinen Bachlauf.

In der zweiten Woche geht es um stehendes, stilles Wasser – als Teich, Swimmingpool oder als Schüssel voll Wasser. Erkunden Sie die Eigenschaften des Wassers in diesem Zustand, und achten Sie dabei auf Ihre Gefühle. Welche Unterschiede gibt es zwischen dem stehenden und dem fließenden Zustand des Wassers? Dieses Mal führt Sie der Ausflug zu einem See, an dessen Ufer Sie einfach eine Weile sitzen bleiben.

Suchen Sie in der dritten Woche Kontakt zu Wasser, das in schneller und wilder Bewegung ist. Reflektieren Sie wiederum über seine Eigenschaften und Ihre damit verbundenen Gefühle. Achten Sie auf Ihren Energiepegel, wenn Sie eine reißende Strömung beobachten. Gute Gelegenheiten, Erfahrungen mit dieser

Form des Wassers zu machen, bieten ein Wasserfall, eine Felsküste, gegen die die Wellen krachen, oder auch ein starker Regenguss.

Feuer

Übungsplan: 12.–14. Woche
Dauer: 30–40 Minuten, einmal pro Tag,
sechsmal pro Woche

Am Feuer interessieren uns die Qualitäten der Helligkeit, Hitze, Energie und des Verzehrens von Brennstoffen. Studieren Sie, wie wenig eigene Substanz oder Festigkeit das Feuer hat. Reflektieren Sie über die Unterschiede zwischen Erde, Wasser und Feuer.

Beginnen Sie diese Übung mit dem »gezähmten« Feuer in Gestalt einer kleinen Flamme: einer Kerze, eines Räucherstäbchens oder eines brennenden Streichholzes. Diese Art von Flammen können Sie ohne großen Aufwand und ohne besonderen Schutz aus der Nähe betrachten.

In der zweiten Woche versuchen Sie, ein Feuer mittlerer Größe zu finden. Ein Herd oder ein offener Kamin sind perfekt. Setzen Sie sich in einen Sessel und studieren Sie die Eigenschaften der Flammen, der Hitze und des Lichts. Welche Feuer-Eigenschaften gibt es in Ihrem eigenen Charakter? Wenn das Wetter es ermöglicht, können Sie draußen ein kleines Lagerfeuer anzünden. Bei sehr hohen sommerlichen Temperaturen können Sie sich auch damit beschäftigen, welche Wirkungen die sengende Hitze der Sonne auf Ihre Haut hat.

Während der letzten Woche beschäftigen Sie sich mit noch größeren Feuern. Vielleicht schneiden Sie aus der Zeitung Meldungen über Brandunglücke, über Feuerbrünste aus. Schichten Sie Holz für ein großes Feuer auf. Vergegenwärtigen Sie sich die Eigenschaften der Sonne, eines Feuers von solcher Gewalt, dass man es sich kaum vorstellen kann.

Untersuchen Sie während dieser Wochen die unterschiedlichen Eigenschaften kleiner, mittlerer und großer Feuer. Was sind die Unterschiede zwischen »warm« und »heiß«? Vielleicht haben Sie die Chance, ein brennendes Gebäude, einen Waldbrand oder sogar einen Vulkanausbruch zu beobachten. Möglicherweise können Sie auch einen Ort besuchen, an dem es kürzlich gebrannt hat – ein ausgebranntes Gebäude oder einen verkohlten Wald.

Luft

Übungsplan: 15.–17. Woche
Dauer: 30–40 Minuten, einmal pro Tag,
sechsmal pro Woche

Das hervorstechende Merkmal der Luft ist ihre Beweglichkeit. Man kann Luft nicht sehen, sondern nur ihre Bewegung spüren. Luft konfrontiert uns auf eine andere Weise mit dem Thema der Substanzlosigkeit.

Wie zuvor beschäftigen wir uns mit den immer stärker werdenden Formen der elementaren Kräfte. Zu Anfang suchen Sie eine Stelle, wo Sie einen leichten Lufthauch wahrnehmen können. An einem warmen Sommertag können Sie gemütlich draußen im Liegestuhl sitzen. Bei kaltem Wetter ziehen Sie es vielleicht vor, drinnen an einem geöffneten Fenster zu stehen.

Studieren Sie die Eigenschaften der Luft: ihre Beweglichkeit, Veränderbarkeit und Substanzlosigkeit. Vergleichen Sie die Bewegung von Tieren und Dingen mit der Bewegung der Luft. Beobachten Sie den Flug der Vögel, die Blätter an den Bäumen und einen treibenden Fetzen Papier. Achten Sie dabei auf Ihre Gefühle. Spüren Sie, wie eine kühle Brise Sie erfrischt oder ein kalter Windstoß Ihre Energie anregt.

Studieren Sie in den folgenden beiden Wochen, genau wie bei der Feuer-Übung, immer stärker werdende Manifestationen der

Luftenergie. Welche verschiedenen Qualitäten entdecken Sie dabei? Erleben Sie den Unterschied zwischen einer sanften Brise und einem heftigen Sturm. Achten Sie darauf, wie sich abgestandene von frischer Luft unterscheidet. Untersuchen Sie einige Tage lang, wie Sie sich in einer Umgebung mit schlechter, stickiger Luft fühlen. Wie geht es Ihrer Energie dabei? Verbringen Sie danach einige Tage in einer Umgebung mit frischer, belebender Luft. Deren Wirkung können Sie besonders gut im Gebirge oder am Meer erfahren und genießen.

Bleiben Sie immer bei Ihren Gefühlen. Welche »luftigen« Ausdrücke verwenden Sie in Ihrer Sprache? Kennen Sie einen »Luftikus« oder eine »windige Gestalt«?

Raum

Übungsplan: 18.-20. Woche
Dauer: 30-40 Minuten, einmal pro Tag,
sechsmal pro Woche

Im westlichen Kulturkreis wird der Raum nicht als eigenes Element betrachtet. Im Osten hingegen schließt er die Reihe der Elemente ab. Seine entscheidenden Eigenschaften sind sein Mangel an Form, Geschmack und Geruch, seine Unsichtbarkeit und seine scheinbare Substanzlosigkeit. Der Raum liefert jedoch den »Behälter«, in dem alle anderen Elemente ihre Wirkung entfalten. Der Raum steht für die Positionen und die Beziehungen der Elemente untereinander.

Beginnen Sie, wie schon zuvor, mit eher begrenzten bzw. Ihnen schon bekannten Umgebungen. Beschäftigen Sie sich während der ersten Woche beispielsweise mit den Räumen und Orten, an denen Sie Ihre Übungen ausführen oder wo Sie arbeiten. Setzen Sie sich still hin und nehmen Sie einfach den Sie umgebenden Raum wahr. Welche Wirkung hat seine Größe oder

163

Kleinheit auf Sie? Gibt es Räume, die sich einmal groß und ein anderes Mal klein anfühlen? Was bedeutet es, eingeengt zu sein? Wissen Sie, was Platzangst ist? Was macht einen Raum gemütlich? Erkunden Sie die "haltenden" oder umfassenden Qualitäten der Räume. Welche Unterschiede gibt es?

In den beiden folgenden Wochen geht es um größere und offenere Räume. Blicken Sie anfangs einfach aus dem Fenster. Stellen Sie sich vor, dass Sie unendlich weit in den Raum hinaus schauen können. Sinnen Sie über die Anordnung der übrigen Elemente in diesem Raum nach. Gehen Sie während wenigstens einer Übungssitzung nach draußen, und schauen Sie in den Morgen- oder Abendhimmel. Reflektieren Sie über seine Größe und die Proportionen aller anderen Dinge darin.

Ihr Ausflug kann Sie zu einem schönen Aussichtspunkt oder einem ungewöhnlichen Gebäude führen, dessen Architektur ein besonderes Raumkonzept aufweist. Erforschen Sie Ihre Gefühle an diesen Orten. Fühlen Sie sich erhoben und inspiriert oder eher unsicher und ängstlich?

Integration der äußeren Elemente

Übungsplan: 21.–22. Woche
Dauer: 30–40 Minuten, einmal pro Tag,
sechsmal pro Woche

Um die Übungen mit den äußeren oder physikalischen Elementen abzuschließen, werden Sie sich in diesen beiden Wochen mit deren Beziehungen und Interaktionen beschäftigen.

Bemühen Sie sich darum, die Übungen jeden Tag an einem anderen Ort auszuführen. Die einzelnen Übungsorte, drinnen oder im Freien, sollten möglichst verschieden voneinander sein. Studieren Sie immer wieder das Zusammenspiel und die Konstellation der verschiedenen Elemente. Untersuchen Sie, was Harmonie und Disharmonie bedeuten. Beobachten Sie, wie in einzelnen Umgebungen ein bestimmtes Element stärker hervortritt als die anderen. Gibt es Situationen, in denen ein oder mehrere Elemente völlig fehlen?

Achten Sie auf das Zusammenspiel einzelner Elemente. Luft und Feuer beispielsweise mischen sich gern miteinander und stärken sich gegenseitig, im Gegensatz zu Feuer und Wasser oder Erde und Luft. Luft und Feuer haben eine Tendenz zu Bewegungen nach oben und außen, während Erde und Wasser sich im Prinzip nach unten und innen bewegen. Überlegen Sie, wie sich die Elemente in Ihrem eigenen Charakter darstellen, wie sie den Charakter der Menschen, mit denen Sie zu tun haben, prägen. Bei dieser Übung kommen Sie zu den unterschiedlichsten Orten. Versuchen Sie, sich ein Bild davon zu machen, welche Wirkung jeder dieser Räume auf die Menschen hat, die sich dort aufhalten. Werden Sie sich eher befreit, angeregt und inspiriert oder eher bedrückt und erstickt fühlen? Verwirrt und unkonzentriert oder beschützt und geerdet?

Nehmen Sie ebenso die gesunden wie die ungesunden Eigenschaften der Elemente wahr. Welcher Umgang mit den Elementen ist gut für Sie und welcher nicht?

Das heilende Licht

Während der Arbeit mit dem Tagebuch und den Übungen werden sicherlich alte Erinnerungen an die Oberfläche treten. Manche werden erfreulich sein, andere werden mit Schmerz, Peinlichkeit und Unwohlsein zu tun haben. Möglicherweise haben Sie einige Erinnerungen unterdrückt, weil sie einfach zu schmerzhaft waren. Die nächsten drei Übungen können Ihnen helfen, vergangene Schmerzen erträglicher zu machen und zu heilen. Selbstverständlich sind sie auch sehr wirksam, wenn es um emotionale Turbulenzen in der Gegenwart geht. Halten Sie sich bei der Vorbereitung und dem Abschluss der Übungen genau an die unten gegebenen Anweisungen.

Bevor Sie mit dieser Übungsfolge starten, ist es vielleicht sinnvoll, wenn Sie sich noch einmal ein oder zwei Sitzungen lang mit der Übung »Gefühle« (Seite 152–155) beschäftigen. So können Sie leichter mit den Erinnerungen an die Vergangenheit und den damit verbundenen Gefühlen in Kontakt treten.

Vorbereitung

Position: Sitzend, mit geradem Rücken. Finden Sie, wenn möglich, eine Stelle, von der aus Sie aus dem Fenster sehen können.

Entspannen Sie sich zunächst mit der Atemübung (Seite 150–152). Die Augen sind geöffnet und Sie blicken einfach geradeaus. Stellen Sie sich vor, Sie sitzen unter einem wolkenlosen, blauen Himmel oder unter einem klaren, mondlosen Nachthimmel voller Sterne. Entspannen Sie sich. Versuchen Sie wahrzunehmen, wie es Ihnen gerade geistig, körperlich und emotional geht. Welches Gefühl oder welcher Schmerz ist besonders dominant? Welche Regionen des Körpers sind daran beteiligt? Der Hals, die Schultern oder die Magengrube?

Stellen Sie sich vor, wie Sie weit entfernt einen winzigen Lichtpunkt erkennen. Er bewegt sich auf Sie zu. Allmählich sehen Sie, dass es sich dabei um eine Lichtkugel handelt, die aus fünf strahlenden, klar erkennbaren Farben zusammengesetzt ist: Weiß, Gelb, Grün, Blau und Rot. Diese Farben stellen die reine Essenz, die reinen Elemente unseres Wesens dar. In vollkommener Harmonie tanzen sie miteinander auf der Oberfläche der Kugel.

Sie entdecken, dass die Lichtkugel alle heilenden Kräfte enthält, die Sie brauchen. Sie kann jedes Ungleichgewicht ausgleichen und jede Verletzung heilen. Menschen mit starker religiöser Orientierung stellen sich gern vor, dass sich dieses Licht aus dem göttlichen Wesen speist, an das sie glauben. Man kann es sich auch als die im gesamten Universum gegenwärtige Essenz von Mitgefühl und Liebe vorstellen. Irgendwann hat die Kugel eine für Sie angenehme Entfernung erreicht. Sie stellen sich nun vor, wie sich die fünf Farben in eine – je nach Übung – einzige Farbe verwandeln. Ihnen gefällt dieser Farbton, er ist klar und hell. Die Farbe strahlt von der Kugel zu Ihnen hinüber und durchdringt Ihren Körper, wie in den Übungen angegeben.

Abschluss

Beenden Sie alle drei Übungen in derselben Weise. Nach einer Weile sollten Sie sich körperlich leicht und transparent fühlen. Sämtliche Schmerzen haben sich in dunklen Rauch verwandelt, der aus Ihrem Körper entweicht und allmählich immer heller wird. (Selbst wenn Sie sich nicht ganz so fühlen, sollten Sie die Übung abschließen, als ob es so wäre.) Nun kehrt das Licht zurück in die Kugel, welche wieder die ursprünglichen fünf Farben annimmt, die umeinander tanzen. Die Kugel enthält jetzt sowohl die heilenden Kräfte des Universums wie Ihre eigenen Fähigkeiten zur Heilung. Dann entfernt sich die Kugel und wird immer kleiner, bis sie zum Schluss nur noch ein winziger Lichtpunkt ist, der schließlich völlig im klaren Himmel aufgeht.

Schließen Sie die Übung ab mit einigen Augenblicken ohne besonderen gedanklichen Fokus. Entspannen Sie sich einfach, und lassen Sie den Geist ruhen, bis die Gedanken von selbst zurückkehren. Gehen Sie dann zu Ihren normalen Aktivitäten über und versuchen Sie, das warme Gefühl aus der Übung mitzunehmen.

Den Körper heilen: das weiße Licht

Übungsplan: 23.–25. Woche
Dauer: 30–45 Minuten, einmal pro Tag,
sechsmal pro Woche

Das weiße Licht heilt körperliche Schmerzen aus Vergangenheit und Gegenwart. Es hilft Ihnen, wenn Sie sich körperlich erschöpft oder ausgebrannt fühlen, wenn Sie verspannt sind durch Stress oder Überstunden sowie bei Jetlag.

Das weiße Licht fließt durch die Stirn in den Körper. (Falls Sie das nicht mögen, können Sie das Licht mit dem Einatmen in Ihren Körper hineinströmen lassen.) Es verteilt sich im ganzen Körper und konzentriert sich insbesondere in den Regionen, in denen Schmerzen sitzen. Versuchen Sie genau zu spüren, wo Sie überall Spannungen festhalten. Lenken Sie das Licht dorthin. Wenn Sie sich erschöpft fühlen, nehmen Sie wahr, wie das Licht die Empfindung von Schwere und Festigkeit aus allen betroffenen Körperregionen hinausspült.

Während das Licht den Körper durchfließt, lassen Sie mit dem Ausatmen alle Schmerzen und Spannungen als dunkelgrauen Rauch aus Ihrem Körper entweichen, der sich in der Atmosphäre auflöst.

Machen Sie die Übung so lange, bis Sie sich besser fühlen. Die Schwere und Festigkeit sollten Ihren Körper verlassen haben, und Sie sollten sich körperlich erfrischt fühlen.

Richten Sie gegen Ende der Übung Ihre Gedanken auf Menschen, von denen Sie wissen, dass sie ebenfalls unter körperlichen Schmerzen leiden. Das können Familienangehörige oder Kolleginnen und Kollegen aus dem Arbeitsumfeld sein. Stellen Sie sich vor, wie das weiße Licht aus der Kugel auch zu ihnen fließt und dort die gleiche heilende Wirkung ausübt wie bei Ihnen. Denken Sie daran, wie viel körperliches Leiden es auf der Welt gibt, wie viele Kriege, Katastrophen und Hungersnöte. Lenken

Sie das weiße Licht zu allen Menschen, die unter körperlichen Schmerzen leiden.

Die Sprache heilen: das rote Licht

Übungsplan: 26.–28. Woche
Dauer: 30–45 Minuten, einmal pro Tag,
sechsmal pro Woche

Das rote Licht heilt Frustration und Unzufriedenheit. Es wird mit Rede bzw. Sprache assoziiert, weil es mit Blockaden unserer Ausdrucksfähigkeit zu tun hat. Wenn Sie sich unbefriedigt fühlen oder den Eindruck haben, dass Ihr Wert von anderen nicht anerkannt wird, kann es Ihnen helfen. Ebenso, wenn Sie ein Projekt an einen Mitbewerber verloren haben oder jemand anders Ihnen bei der Beförderung vorgezogen wurde. Es bietet eine besonders gute Medizin gegen alle Gefühle von Bitterkeit und Ressentiment.

Das rote Licht fließt durch den unteren Halsansatz in den Körper hinein (oder alternativ mit dem Einatmen). Von dort verteilt es sich im ganzen Körper, speziell dort, wo Frustrationen festgehalten werden. Versuchen Sie bei dieser Übung herauszufinden, wo Sie entsprechende Gefühle in Ihrem Körper speichern. Wenn Sie zum Beispiel eine starke Ablehnung gegen irgendetwas verspüren, konzentrieren Sie sich auf dieses Gefühl und stellen dann fest, in welchen Körperregionen Sie entsprechende Spannungen wahrnehmen. Lenken Sie das Licht dorthin.

Sämtliche Unzufriedenheit und Frustration entweicht mit dem Ausatmen als schmutzig rot-brauner Rauch aus dem Körper und löst sich in der Atmosphäre auf.

Nach dieser Übung sollten Sie ein Gefühl von Liebe und Offenheit verspüren. Machen Sie die Übung so lange, bis Sie sich erfüllt und zufrieden fühlen. Sie sollten sich jetzt dazu in der

Lage fühlen, Ihre Empfindungen auszudrücken und die Offenheit anderer zu akzeptieren.

Wie schon in der vorangegangenen Übung denken Sie zum Schluss darüber nach, welche vergleichbaren Gefühle andere Menschen haben mögen. Vielleicht haben Sie Kollegen und Kolleginnen, die mit Ihnen ähnliche Enttäuschungen erlebt haben. Denken Sie danach an die vielen Menschen, die in einer vergleichbaren oder noch schlimmeren Situation sind. Überlegen Sie, wie viele Menschen überall auf der Welt sich nicht frei ausdrücken dürfen.

Den Geist heilen: das blaue Licht

Übungsplan: 29.–31. Woche
Dauer: 30–45 Minuten, einmal pro Tag,
sechsmal pro Woche

Das blaue Licht dient zur Heilung von geistig-seelischem Leiden wie Angst, Schüchternheit und Verwirrung. Ebenso hilfreich ist es bei Gefühlen von Ärger und Wut, die aus Angst oder Bedrohung entstehen. Es hilft sehr wirkungsvoll, wenn man vor einer schwierigen Entscheidung steht oder die Zukunft besonders unsicher erscheint. Vielleicht hat man gerade seinen Job verloren oder muss befürchten, eine andere Aufgabe zugewiesen zu bekommen. Das blaue Licht wirkt auch als Nothilfe in Zeiten extremer oder unvorhersehbarer Veränderungen oder bei Angstanfällen.

Das blaue Licht fließt durch das Herzzentrum in den Körper (oder wieder mit dem Einatmen). Von dort strömt es durch den ganzen Körper, speziell in die Regionen, in denen Angst und Ärger festsitzen. Versuchen Sie genau zu erkennen, wo Sie derartige Gefühle festhalten, und lenken Sie das Licht dorthin.

Das blaue Licht lässt all diese Gefühle als dicken, blauschwarzen Rauch aus dem Körper entweichen, der sich dann in der Atmosphäre auflöst.

Nach dieser Übung sollten Sie eine Steigerung von Mut und Zuversicht verspüren. Ängste und Ärger sollten abgenommen haben oder ganz verschwunden sein. Vielleicht spüren Sie sogar, dass Sie in der Lage sind, mit jeder Situation zurechtzukommen.

Zum Abschluss der Übung denken Sie wieder an Menschen aus Ihrer Umgebung, die unter vergleichbaren Gefühlen von Angst oder Ärger leiden. Denken Sie schließlich an die vielen Menschen auf dieser Erde, die von diesen Gefühlen geplagt werden. Ihnen allen schicken Sie das blaue Licht.

Anmerkung

Nun haben Sie die erste Übungsfolge abgeschlossen. Wenn Sie das Bedürfnis verspüren, können Sie die Übungen jederzeit wiederholen. Verwenden Sie sie wie ein Schmerzmittel oder einen Hustensaft. Sie können die Übungen im Sitzen, beim Spazierengehen oder im Bett vor dem Einschlafen machen.

Auszeit

Übungsplan: 32.–33. Woche

So nützlich die Übungen auch sein mögen, nach einer Weile hat man doch genug davon. Genehmigen Sie sich also etwas Urlaub. Beschäftigen Sie sich mit etwas anderem, entspannen Sie sich. Notieren Sie nach dieser Zeit jedoch in Ihrem Tagebuch, mit welchen Gefühlen Sie zu den Übungen zurückkehren – und vergleichen Sie diesen Eintrag mit dem letzten, den Sie vor der Auszeit gemacht haben.

Die Kontemplation
Positiv/Negativ

Übungsplan: 34.–37. Woche (täglich abwechselnd mit
»Der Spiegel«, Seite 173–176)
Dauer: 15–20 Minuten, einmal pro Tag, an drei oder vier
Tagen pro Woche
Position: Sitzen Sie in einer ruhigen Ecke in Meditations-
haltung auf dem Boden mit einem Blatt Papier (siehe un-
ten) in Reichweite. Sie können die Übung auch am Schreib-
tisch oder Esstisch ausführen. Halten Sie den Rücken gerade.

Mit dieser Übung sollen Sie eine klare Vorstellung von Ihren ge-
wohnheitsmäßigen Überzeugungen und Einstellungen gewinnen. Viele Menschen leiden unter plötzlichen Stimmungsände-
rungen oder »brüten« innerlich etwas aus, ohne sich dessen
wirklich bewusst zu sein. Erst wenn ihre Gefühle gewaltsam an
die Oberfläche treten, erkennen sie ihre Lage. Vorher laufen sie
vielleicht Tage, Wochen oder Monate mit Wut im Bauch herum,
ohne zu bemerken, welche Stimmung sie verbreiten. Mit Hilfe
dieser Übung können Sie derartige Muster durchschauen lernen.
Die Ergebnisse können Sie stichpunktartig im Tagebuch festhalten. Machen Sie die Übung zu verschiedenen Tageszeiten, um
festzustellen, ob es typische Verlaufsmuster gibt.

Sie brauchen einen Stift und einige Bögen Papier. Ziehen Sie
durch die Mitte des Blattes von links nach rechts eine gerade Linie. Bereiten Sie einige Bögen auf diese Weise vor.

Beginnen Sie nun mit der Atemübung (Seite 150–152). Sitzen Sie einfach da, so wach und entspannt wie möglich.

Halten Sie den Stift in der Hand. Beobachten Sie die Gedanken so, wie sie auftauchen. Geben Sie zügig und ohne besondere
Überlegung zu jedem Gedanken ein kurzes Urteil ab. Handelt es

sich um einen positiven, einen negativen oder einen neutralen Gedanken? Positive Gedanken markieren Sie oberhalb, negative unterhalb und neutrale Gedanken genau auf der Linie. Der Abstand der positiven und negativen Markierungen von der Mittellinie sollte der Intensität Ihres Gefühls entsprechen.

Der horizontale Abstand zwischen den Markierungen sollte davon abhängen, wie rasch die einzelnen Gedanken auftauchen. Vermutlich werden Sie feststellen, dass die Markierungen zu Beginn der Sitzung weiter auseinander liegen als gegen Ende.

Sie können die Übung variieren. Vielleicht möchten Sie mit der Übungsdauer experimentieren oder herausfinden, ob Ihre Gedanken zur Ruhe kommen, wenn Sie vorher eine Zeit lang meditiert haben. Vielleicht entdecken Sie in der Anordnung der positiven und negativen Markierungen bestimmte Muster.

Versehen Sie jedes Blatt mit einem Datum, und bewahren Sie es auf. Nachdem Sie zwei Wochen mit dieser Übung gearbeitet haben, vergleichen Sie die Aufzeichnungen noch einmal. Vielleicht ergeben sich interessante Erkenntnisse. Waren Sie ständig wütend und haben es nicht gemerkt? Gibt es bestimmte Tageszeiten, an denen Sie ruhiger oder vielleicht positiver gestimmt sind als zu anderen Zeiten?

Der Spiegel

Übungsplan: 34.–37. Woche (täglich abwechselnd mit der »Kontemplation Positiv/Negativ«)
Dauer: 30–40 Minuten, einmal pro Tag, an drei oder vier Tagen pro Woche
Anm.: Diese Übung kann sehr intensiv werden. Daher sollte sie möglichst abwechselnd mit der vorigen Übung durchgeführt werden. Hier geht es darum zu erkennen, wie Sie Ihre Business-Persönlichkeit auf Ihre Umgebung projizieren.

Häufig sind wir so verliebt in unser äußeres Erscheinungsbild, unsere »offizielle« Persönlichkeit, dass wir vergessen, dass sie nichts weiter als eine Projektion oder Phantasie ist, zu deren Aufrechterhaltung wir uns alle insgeheim verbündet haben: »Du glaubst meine Projektion, und ich glaube deine.«

Seien Sie vorsichtig. Manche Menschen fühlen sich nach dieser Übung etwas desorientiert. Ist das bei Ihnen der Fall, so reduzieren Sie die Anzahl der Sitzungen pro Woche, ohne jedoch die Übung ganz aufzugeben. Sie bildet die Grundlage für einige weitere Übungen. Wenn es gar nicht anders geht, verschieben Sie die Übung auf einen späteren Zeitpunkt – machen Sie sie jedoch möglichst vor den Übungen »Freunde« und »Widersacher« (Seite 179–186). In dem Fall führen Sie nur die »Kontemplation Positiv/Negativ« entsprechend dem Übungsplan fort.

Die Übung braucht eine gewisse Vorbereitung, die im Folgenden beschrieben wird. In den beiden ersten Wochen arbeiten Sie mit der Phase I, in den nächsten beiden Wochen mit Phase II der Übung.

Vorbereitung

Position: Bei dieser Übung brauchen Sie einen Spiegel, in dem Sie Ihren ganzen Körper sehen können. Sie sollten vor dem Spiegel in Meditationshaltung auf dem Boden oder auf einem Stuhl sitzen.

Sie beginnen mit der Übung »Nichtstun« (Seite 135–137). Betrachten Sie sich danach einen Augenblick lang im Spiegel. Sehen Sie das Bild einfach als das, was es ist: eine Reflexion in einem Spiegel. Betrachten Sie es einfach, ohne zu analysieren oder zu beurteilen.

Schließen Sie danach die Augen oder blicken Sie zu Boden. Werden Sie sich Ihrer Gedanken bewusst, so wie Sie es auch während der »Kontemplation Positiv/Negativ« gemacht haben. Betrachten Sie ohne Analyse das Spiel der Gedanken und Emotionen, das in Ihrem Geist abläuft. Tun Sie dies etwa zehn Minuten lang.

Phase I
(die beiden ersten Wochen)

Schauen Sie jetzt wieder in den Spiegel und bleiben Sie sich dabei Ihrer Gedanken bewusst. Schicken Sie sie zu dem Spiegelbild. Lenken Sie alles, was »Sie« ausmacht, ob positiv oder negativ, zu Ihrem Spiegelbild.

Versuchen Sie dabei, gegenüber Ihren Gedanken und Emotionen ein Gefühl von Distanz zu entwickeln. Diese Vorgänge haben keine wirkliche Substanz. Sie sind nicht deren Besitzer; lösen Sie sich also von dieser Vorstellung. Lösen Sie sich auch von der scheinbaren Festigkeit der Gedanken und Gefühle. Betrachten Sie es so, dass dies dort drüben im Spiegel nicht nur Ihr visuelles Abbild, sondern Ihre gesamte äußere Persönlichkeit ist. Schicken Sie mehr und mehr von Ihren Gedanken und Gefühlen mit jedem Ausatmen hinüber. Tun Sie das etwa zehn Minuten lang.

Und nun betrachten Sie diese Persönlichkeit dort im Spiegel. Das schließt alle guten und schlechten Eigenschaften ein, die Anteile, die Sie vor der Welt verstecken wollen, die Business-Persönlichkeit – einfach alles. Kehren Sie nun mit dem Einatmen vom Spiegelbild zu Ihrem »wahren Ich« zurück. Nehmen Sie alle positiven und echten Eigenschaften mit zurück. Die Projektionen und phantasierten Persönlichkeitsmerkmale lassen Sie dort. Lassen Sie alle negativen Eigenschaften zurück, die Sie einengen. Machen Sie sich dabei klar, dass Sie eine bewusste Entscheidung treffen, welche Qualitäten Sie behalten und welche Sie loslassen wollen. Machen Sie dies etwa zehn Minuten lang.

Phase II
(die letzten beiden Wochen)

Betrachten Sie wieder Ihr Spiegelbild. Lassen Sie mit dem Ausatmen Ihr »Ich«, all Ihre Gedanken und Emotionen in das Spiegelbild strömen. Nehmen Sie mit dem Einatmen die Gedanken und Gefühle des Spiegelbildes in sich auf. Tauschen Sie sich mit jedem Ein- und Ausatmen mit dem Spiegelbild aus.

Machen Sie sich klar, dass Sie in dieser Phase mit Ihren Projektionen arbeiten, denselben Gedanken und Emotionen, die Sie ständig in die Welt projizieren. Zugleich begegnen Sie auch den auf Sie gerichteten gedanklichen und emotionalen Projektionen der anderen. Beobachten Sie dieses Hin und Her der Projektionen, und versuchen Sie, ein Gespür dafür zu entwickeln, wie wenig eigene Substanz sie haben. Die Inhalte der Projektionen brauchen Sie jetzt nicht zu analysieren. Nehmen Sie Ihre Gedanken und Gefühle einfach als Projektionen wahr. Diese Phase dauert wiederum etwa zehn Minuten.

Abschluss

Beenden Sie die Übung damit, dass Sie die Augen schließen oder zu Boden blicken. Entspannen Sie sich. Lassen Sie die Gedanken fließen. Nach ein paar Minuten können Sie aufstehen und zum Fenster gehen. Stehen oder sitzen Sie ganz still da, und blicken Sie hinaus zum Horizont. Nehmen Sie den Fluss der Gedanken wahr, so wie sie entstehen und vergehen.

Das goldene innere Potential

Übungsplan: 38.–40. Woche
Dauer: 50–60 Minuten, einmal pro Tag, sechsmal pro
Woche – sowie 60 Minuten sinnvolle Beschäftigung
unmittelbar nach jeder Sitzung
Position: Für den ersten Teil der Übung brauchen Sie einen
Platz, an dem Sie vor Störungen relativ sicher sind. Sitzen
Sie still da, und schauen Sie aus dem Fenster. Sie können
mit gekreuzten Beinen oder auf einem Stuhl sitzen. Der
Rücken soll gerade, aber nicht verkrampft sein. Ziehen Sie
die Schultern zurück. Die Hände können mit den Hand-
flächen nach unten auf den Oberschenkeln ruhen.

Es ist wichtig, Vertrauen in das grundlegende Gute des eigenen Ichs zu haben. Nur so können wir von innen heraus mit Mitgefühl und Verständnis auf die Welt zugehen. Mit der Übung bauen wir den Kontakt zu diesen Qualitäten auf.

Dafür brauchen Sie etwa zwei Stunden pro Tag. Also müssen Sie morgens etwas früher aufstehen, die Übung in den Ferien absolvieren oder in die Abendstunden verlegen.

Die Übung besteht aus zwei unmittelbar aufeinander folgenden Teilen. Der erste Teil ist der formelle und wird allein und in Schweigen durchgeführt. Der zweite ist informell und besteht aus einer sinnvollen Beschäftigung.

Wir empfehlen Ihnen, während der drei Wochen, die diese Übung beansprucht, auf Fernsehen, Video, Computerspiele und alle anderen Beschäftigungen aus der Kategorie »sinnloser Zeitvertreib« zu verzichten. Zur Not schneiden Sie das Kabel durch.

Beginnen Sie zunächst mit der Atemübung (Seite 150–152). Wenn Sie sich emotional angespannt fühlen, machen Sie die Übung so lange, bis es Ihnen besser geht. Erinnern Sie sich danach fünf Minuten lang an alle Charaktereigenschaften, die Sie schätzen. Ehrlichkeit, Tapferkeit, Sensibilität, Mitgefühl, Selbstlosigkeit, Sanftheit ... Überlegen Sie, wie diese Qualitäten Ihr eigenes und das Leben der anderen bereichern.

Halten Sie die Augen halb geschlossen. Stellen Sie sich vor, wie Ihr Körper seine Festigkeit verliert und leicht und transparent wird. Möglicherweise hilft Ihnen hier noch einmal ein Zyklus der Atemübungen, bei dem Sie alles Schwere und Feste beim Ausatmen herauslassen.

Vor Ihrem inneren Auge sehen Sie nun eine leuchtend gelbe Lotosblüte, die im Zentrum Ihres Herzens schwebt. Die Blütenblätter sind geöffnet. Die Blüte ist wunderschön. Über der Blüte beginnt eine transparente farblose Röhre. Sie reicht mitten durch Ihren Körper von der Lotosblüte bis hinauf zur Schädeldecke. Oberhalb des Kopfes öffnet sie sich zu einem Kelch. Das Bild bleibt leicht und transparent, wie die Spiegelung einer Wolke in einem See.

Halten Sie dieses Bild einige Augenblicke lang fest. Stellen Sie sich danach vor, wie eine transparente goldene Lichtkugel erscheint und über der Öffnung des Kelches schwebt. Sie enthält all die guten Eigenschaften, die Sie schätzen. Menschen mit einem starken religiösen Hintergrund können sich statt dessen auch die Gottheit oder das göttliche Wesen vorstellen, das sie verehren. Laden Sie die Kugel oder Gestalt mit allen Eigenschaften auf, die Ihnen wichtig sind.

Nun sehen Sie vor Ihrem inneren Auge, wie sich die Lichtkugel durch den Trichter und die Röhre bis in das Zentrum des gelben Lotos hinabsenkt. Die entsprechenden Eigenschaften werden jetzt auf Sie übertragen. Spüren Sie, dass sie wirklich zu einem Teil von Ihnen geworden sind. Halten Sie dieses Bild etwa 30-40 Minuten lang fest.

Während der ganzen Zeit stellen Sie sich Ihren Körper als so leicht und transparent wie möglich vor. Nichts an diesem Bild soll fest oder dauerhaft sein. Wenn Sie feststellen, dass Ihr Geist nach einer Weile in ganz andere Gefilde abgewandert ist, kehren

Sie wieder an die Stelle der Übung zurück, wo Sie zum ersten Mal den gelben Lotos in Ihrem Herzzentrum erblickt haben und beginnen von neuem.

Sie beenden diesen Teil der Übung, indem Sie sich mehrmals genüsslich recken und dehnen. Halten Sie dabei das Bild der goldenen Kugel in Ihrem Herzzentrum fest.

Suchen Sie sich nun eine angenehme meditative Beschäftigung. Vielleicht möchten Sie im Garten arbeiten oder einen Spaziergang im Wald machen, ein heißes Bad nehmen, den Sonnenuntergang beobachten oder die Fingernägel maniküren. Sie können dies allein oder mit jemand anderem zusammen tun, so lange die Aktivität nicht zu hektisch wird. Wer kleine Kinder hat, kann sie baden oder ihnen eine Geschichte vorlesen; größere Kinder kann man auf einen Spaziergang mitnehmen.

Bei all diesen Aktivitäten behalten Sie die goldene Kugel des grundlegenden Guten in Ihrem Herzen. Erlauben Sie ihr, all Ihre Handlungen und Gedanken zu prägen. Dies ist Ihre beste Zeit. Allmählich werden Ihre Gedanken und Handlungen dann wieder etwas »normaler« werden. Lassen Sie es einfach geschehen.

Freunde

Übungsplan: 41.–43. Woche
Dauer: Etwa 45–55 Minuten, einmal pro Tag, sechsmal
pro Woche
Position: Sitzend, mit geradem Rücken
Anmerkung: Es ist wichtig, dass Sie vorher die Übung »Der
Spiegel« (Seite 173–176) komplett absolviert haben. Sie
können sich auch jetzt noch einmal ein oder zwei Tage lang
damit beschäftigen.

Es gibt Menschen, die wir mögen, und andere, die uns nicht

besonders lieb sind. Die Personen, die wir mögen, behandeln wir meistens wesentlich besser als die anderen. Auch ihren Schwächen gegenüber sind wir toleranter. Das mag sinnvoll sein oder auch nicht. Mit der Übung »Freunde« untersuchen wir unsere Anhaftungen mit all ihren positiven und negativen Konsequenzen.

Wir beginnen wieder mit der Atemübung. Entspannen und erden Sie sich in Ihrer Umgebung, und betrachten Sie sie, ohne zu urteilen.

Denken Sie nun an den Menschen, der Ihnen von allen am meisten bedeutet. Vielleicht ist es jemand aus Ihrer Familie oder jemand, mit dem Sie sich emotional sehr verbunden fühlen, wie beispielsweise Ihr Partner, Ihre Partnerin oder ein naher Freund, eine vertraute Freundin. Lassen Sie zu, wie sich ein inneres Gefühl der Wärme für diesen Menschen entwickelt. Mit der Erinnerung an ihn ist vielleicht ein bestimmtes Bild verbunden – ein besonderer Gesichtsausdruck oder eine bestimmte Geste. Vielleicht verspüren Sie ein intensiver werdendes Gefühl von Liebe oder Dankbarkeit.

Entwickeln Sie dieses Gefühl zusammen mit den inneren Bildern, bis Sie den Eindruck haben, dass die betreffende Person tatsächlich mit Ihnen zusammen im Raum ist und vor Ihnen sitzt. Entwickeln Sie dieses Gefühl von Präsenz. Manche Menschen haben ein sehr ausgeprägtes bildliches Vorstellungsvermögen und können den anderen richtig »sehen«. Anderen fällt das weniger leicht. Wie gut Ihnen das gelingt, ist ohne Bedeutung, entscheidend ist Ihr Gefühl für die Präsenz des anderen Menschen, für sein Wesen.

Verwenden Sie dafür etwa zehn Minuten. Vergegenwärtigen Sie sich die Eigenschaften dieses wunderbaren Menschen. Qualitäten, die außer Ihnen vielleicht niemand bemerkt. Erinnern Sie sich auch an seine kleinen Schwächen, die Sie ihm doch so leicht nachsehen können. Entwickeln Sie ein Gefühl von Offenheit und Vertrauen für diese Person.

Machen Sie jetzt eine kleine Pause und entspannen Sie sich. Stehen Sie auf und gehen Sie ein bisschen auf und ab. Versuchen Sie dabei, das Gefühl der Präsenz des anderen im Raum beizubehalten. Dann nehmen Sie wieder Platz mit »Blick« auf die andere Person und beginnen den zweiten Teil der Übung.

Werden Sie sich Ihres Atems bewusst. Sie atmen ganz normal und entspannt. Sie stellen sich vor, dass mit dem Ausatmen Ihre eigene Essenz auf den Freund oder die Freundin übergeht. Das Wesen des anderen Menschen strömt mit dem Einatmen in Sie hinein. Im Ein- und Ausatmen vollzieht sich ein Austausch zwischen Ihnen und dem geliebten Menschen.

Bleiben Sie dabei in einer Haltung der Offenheit und des Vertrauens. Es gibt nichts, was ihr voreinander verbergen müsstet. Ihr habt keine Geheimnisse voreinander. Ihr akzeptiert euch mit allen Fehlern und Schwächen.

Lassen Sie sich für diesen Austausch etwa 20 bis 30 Minuten Zeit. Achten Sie darauf, sowohl positive wie negative Eigenschaften miteinander zu tauschen. Akzeptieren Sie beides gleichermaßen. Behalten Sie das Gefühl von Offenheit und Vertrauen bei, und lernen Sie sich gegenseitig vollkommen kennen.

Entspannen Sie sich danach. Sie können wieder zu sich selbst zurückkehren, oder, wenn Sie mögen, auch die Präsenz des geliebten Menschen noch eine Zeit lang beibehalten. Ist dieser Freund für Sie jemand, den sie aufrichtig bewundern, dann behalten Sie dessen bewundernswerte Eigenschaften bei sich. Nehmen Sie jetzt Ihre normalen Aktivitäten wieder auf.

Während der ersten Woche arbeiten Sie nur mit dieser Person. In der zweiten Woche wählen Sie eine andere. Dieses Mal sollte sie Ihnen zwar auch sehr vertraut sein, jedoch nicht so nahe stehen, wie die Person aus der ersten Woche. Eine langjährige Freundin oder ein enger Freund ist gut geeignet. In der dritten Woche nehmen Sie eine Person, die Sie zwar mögen, die Ihnen aber noch etwas ferner steht, beispielsweise eine Arbeitskollegin. Bei jeder Übungssitzung wiederholt sich der bereits beschriebene Prozess: Sie erzeugen eine Vorstellung von der Präsenz des anderen Menschen und entwickeln dann ein Gefühl von Vertrauen und Offenheit für ihn. Während des Austauschs berücksichtigen Sie auch die Motive und Einstellungen der anderen. Entwickeln Sie ein Verständnis, weshalb andere das tun, was sie tun. Verstehen Sie ihre Stärken und Schwächen. Teilen Sie den anderen die gleichen Informationen auch über sich selbst mit.

Widersacher

Übungsplan: 44.–47. Woche
Dauer: Etwa 45–55 Minuten, einmal pro Tag,
sechsmal pro Woche
Position: Sitzend mit geradem Rücken

Zunächst mag es so scheinen, als ob diese Übung das genaue Gegenteil der vorangegangenen wäre. Doch in Wirklichkeit sind sie recht ähnlich. Beide haben mit unserem Verhaftetsein an andere Menschen und bestimmte emotionale Zustände zu tun. Bei »Freunde« ging es um das Verhaftetsein an angenehme Gefühle, jetzt um unser Anhaften an Schmerz und Qual. In beiden Fällen prägt das Verhaftetsein unser Leben, einmal positiv und einmal negativ.

In dieser Übung untersuchen wir unser Verhältnis zu schmerzhaften Empfindungen. Es ist gut möglich, dass dies eine unangenehme, angstbesetzte Vorstellung für Sie ist und Sie große Bedenken und Vorbehalte gegen diese Übung haben. Um mit den möglicherweise auftauchenden Gefühlen besser umzugehen, kann es hilfreich sein, sich während der vier Übungswochen immer wieder künstlerisch oder in anderer nonverbaler Weise auszudrücken. Wollen Sie malen, so arbeiten Sie auf großen Bögen und mit dicken Pinseln. Toben Sie sich richtig aus.

Wie so oft beginnt auch diese Übung mit dem Atmen. Nehmen Sie sich die Zeit, sich zu erden und zu entspannen.

Jede Woche untersuchen wir eine andere Art von Gegner oder Widersacher. Dabei interessieren wir uns nicht für bestimmte Ereignisse, die mit einem speziellen Widersacher zu tun haben. Dafür ist die Übung »Die Klärung von Schuld« (Seite 143–146) besser geeignet. Statt dessen konzentrieren wir uns auf unsere eigenen emotionalen Reaktionen sowie auf die Reaktionen der anderen Person. Es geht nicht um richtig und falsch, sondern darum, sich und seine Widersacher besser zu verstehen.

Erkunden Sie zunächst Ihre emotionalen Reaktionen auf den speziellen Feind-Typus, um den es in der betreffenden Woche geht. Welche Gefühle haben Sie diesem Typus gegenüber? Welche Charaktereigenschaften hat er? Wählen Sie dann einen Menschen, mit dem Sie aktuell oder in der Vergangenheit zu tun hatten, der diesem Typus am besten entspricht. Bleiben Sie während der gesamten Woche bei dieser Person. Es sollte jemand sein, dem gegenüber Sie emotional sehr stark reagieren. Sie merken dies an Ihrem Herzschlag oder an den Verspannungen Ihrer Schultern.

Stellen Sie sich vor, dieser Gegner wäre im selben Raum mit Ihnen und säße Ihnen gegenüber. Öffnen Sie sich für die Gefühle, die Sie für diesen Menschen empfinden. Öffnen Sie sich auch für das, was der andere für Sie empfindet. Nehmen Sie sich dafür etwa 10 bis 15 Minuten Zeit.

Dann machen Sie eine Pause von etwa 5 Minuten, in denen Sie umhergehen, sich recken oder ein Glas Wasser trinken können.

Jetzt kommt die zweite Phase der Übung. Sie sitzen Ihrem Widersacher gegenüber und tauschen sich auf die bereits oben beschriebene Weise mit ihm aus. Mit dem Ausatmen lassen Sie sich in den anderen hineinströmen; mit dem Einatmen nehmen Sie den anderen in sich auf. Lassen Sie sich etwa 20 bis 30 Minuten Zeit dafür. Denken, analysieren oder urteilen Sie dabei möglichst wenig. Tauschen Sie einfach die Emotionen miteinander aus.

Im Anschluss an diese Phase gehen Sie dazu über, den Charakter Ihrer Beziehung genauer zu analysieren. Untersuchen Sie die Gefühle von beiden Positionen aus. Falls Sie vor der anderen Person Angst haben: Studieren Sie diese Angst! Woher kommt sie? Aus welcher Quelle speist sie sich? Betrachten Sie Ihre Angst aus der Position des Widersachers. Tauschen Sie das Gefühl der Angst mit ihm aus.

Das gleiche gilt für Ärger oder Schmerz. Betrachten Sie das Wesen des Schmerzes. Wie fühlen sich dieser Schmerz, dieser Verrat an? Vielleicht ist jemand ohne eigenes Verschulden zum Feind geworden. Wie wird er sich in diesem Fall fühlen? Betrachten Sie die Gefühle des anderen genau. Untersuchen Sie auch das Wesen seiner Feindseligkeit.

Zuletzt prüfen Sie, sofern es möglich ist, welche positiven Konsequenzen dieser »Krieg« haben kann. Wie kann er in etwas Positives verwandelt werden? Haben Sie bei der Auseinandersetzung vielleicht etwas Wichtiges gelernt? Sind Sie stärker oder bescheidener geworden? Wurde einer anderen Person damit geholfen? Wenn eben möglich, versuchen Sie, ein Gefühl von Dankbarkeit gegenüber dem Widersacher zu entwickeln, weil er Ihnen die Gelegenheit gegeben hat, mehr über sich zu lernen und charakterlich zu reifen. Falls das nicht geht, entwickeln Sie zumindest ein gewisses Verständnis für die Motive des anderen. Die Übung ist beendet, sobald Sie eine dieser Einstellungen haben entwickeln können.

Der Widersacher, vor dem man Angst hat (1. Woche)

Dieser Widersacher mag Ihnen persönlich bekannt sein oder nicht. Auf jeden Fall ist es jemand, vor dem Sie starke Angst haben. Am liebsten würden Sie weglaufen, wenn Sie ihn sehen. Wählen Sie für die Übung möglichst jemanden, zu dem Sie eine direkte Beziehung haben. Es kann eine aktuell bestehende oder eine vergangene sein. Vielleicht handelt es sich um eine bestimmte Autoritätsperson. Versuchen Sie bei dieser Übung, das Wesen Ihrer Angst zu studieren, sich ihr zu stellen.

Der Widersacher, der Sie verletzt hat (2. Woche)

Hier geht es um jemanden, der Sie körperlich oder emotional sehr verletzt hat. Vielleicht hassen Sie diesen Menschen, vielleicht lieben Sie ihn auch. Es ist jemand, mit dem Sie sich beinahe zwanghaft beschäftigen. Sie können gar nicht aufhören, über das nachzudenken, was vorgefallen ist. Versuchen Sie bei dieser Übung, das Wesen Ihrer Besessenheit zu studieren. Üben Sie, sie loszulassen.

Der Widersacher ohne Grund (3. Woche)

Es handelt sich um jemanden, der zu Ihrem Feind geworden ist, ohne dass Sie etwas dazu beigetragen hätten. Vielleicht hat man ihm oder ihr etwas über Sie erzählt, so dass man von Ihnen einen falschen Eindruck gewonnen hat. Möglicherweise lehnt man Sie wegen Ihrer Hautfarbe, Ihrer Herkunft oder Ihrer religiösen Überzeugung ab. Bei dieser Übung versuchen Sie, die Beziehung vom Standpunkt des anderen aus zu verstehen. Bemühen Sie sich um ein echtes Verständnis.

Der kulturelle oder institutionelle Widersacher (4. Woche)

Dieser Feind ist jemand, den Sie durch Ihre Erziehung zu hassen gelernt haben. Er ist Mitglied einer Gruppe von Menschen, die Sie wegen ihrer Rasse, Religion oder Herkunft zu Ihren Feinden zählen. Wählen Sie für die Übung jemanden aus, den Sie kennen und der stellvertretend für diese Gruppe steht. Während der Phase des Austauschs versuchen Sie sich genau vorzustellen, ein Mitglied dieser Gruppe zu sein, und betrachten Sie sich aus dieser Perspektive.

Ausdehnen/Zusammenziehen

Übungsplan: 48.–51. Woche
Dauer: Etwa 45 Minuten, einmal pro Tag,
sechsmal pro Woche
Position: Bequeme Sitzhaltung mit geradem Rücken

Veränderungen, die uns an unsere Grenzen führen, können Angst machen. Je fester und undurchdringlicher die Grenzen sind, desto wahrscheinlicher ist es, dass wir uns unwohl fühlen oder Angst haben, wenn Veränderungen anstehen.

Mit den folgenden beiden Übungen wollen wir unsere Grenzen kennen lernen. Möglicherweise entdecken Sie dabei, wie eng und unüberwindlich sie gezogen sind, und Sie fangen an, etwas flexibler und offener für Veränderungen zu werden.

Sie beginnen zunächst wieder mit der Atemübung. Nehmen Sie danach eine Weile Ihre Umgebung aufmerksam wahr. Registrieren Sie das Gewicht Ihres Körpers auf dem Boden oder dem Stuhl, und stellen Sie fest, welche Beziehungen zwischen Ihnen und den Elementen Ihrer Umgebung bestehen.

Verschieben Sie nun die Aufmerksamkeit langsam zum Atem, ohne den Atemrhythmus zu verändern. Nehmen Sie einige Minuten lang nur wahr, wie Sie atmen. Dann stellen Sie sich vor, wie in Ihrem Herzzentrum ein winziger farbloser Lichtpunkt entsteht. Sie bemerken, wie sich der Lichtpunkt bei jedem vierten oder fünften Ausatmen allmählich ausdehnt. Er wächst an zu einer transparenten, leuchtend goldenen Kugel etwa von der Größe einer Grapefruit, die in der Mitte Ihres Herzzentrums schwebt.

Die goldene Kugel enthält die Essenz von Güte und Mitgefühl. Nehmen Sie wahr, wie sie in Ihrem Herzzentrum verweilt, und genießen Sie das Gefühl. Stellen Sie sich vor, wie Ihr ganzer Körper genauso transparent und schwerelos wird wie diese Lichtkugel.

Ausdehnen

Richten Sie die Aufmerksamkeit jetzt wieder auf den normalen Atemvorgang. Stellen Sie sich vor, wie sich Ihr Körper und die goldene Kugel bei jedem vierten oder fünften Atemzug allmählich ausdehnen. Wie Ihr Körper zunächst so groß wird wie der Raum, dann wie das Haus, der Häuserblock und schließlich wie ein ganzer Berg. Nehmen Sie sich Zeit, den einzelnen Stufen der Ausdehnung nachzuspüren. Sie brauchen keine Angst zu haben, gegen Wände oder Decken zu stoßen – Ihr Körper hat keine feste Substanz. Die Vorstellung fällt Ihnen schwer? Denken Sie an den Aufbau der Atome! Auf atomarer Ebene gibt es nur sehr wenig feste Materie und sehr viel leeren Raum.

Bis zur Größendimension eines Berges hat Ihr Körper noch seine ursprüngliche Form. Er wird immer formloser, je weiter er sich darüber hinaus ausdehnt – zur Größe einer Stadt, eines Erdteils, eines Planeten, der Milchstraße, des Universums ... Nehmen Sie sich für diesen Ausdehnungsprozess etwa 20 Minuten Zeit.

Zusammenziehen

Nun kommt die Phase der Kontraktion. Bei jedem vierten oder fünften Atemzug verkleinert sich Ihr Körper etwa um den gleichen Betrag, um den er sich zuvor ausgedehnt hatte. Dabei kommt es nicht so sehr auf die konkrete Körperform an, sondern mehr auf Ihre Präsenz im Raum. Sie ziehen sich zusammen, bis Ihr Körper wieder seine ursprüngliche Größe erreicht hat. Vergessen Sie dabei nicht die goldene Kugel in Ihrem Herzzentrum, die sich mit Ihnen ausdehnt und zusammenzieht.

Doch die Kontraktion geht weiter. Sie schrumpfen weiter auf die Hälfte Ihrer ursprünglichen Größe, dann wieder auf die Hälfte dieser Größe, usw. – bis Sie, und die goldene Kugel mit Ihnen, so klein sind wie ein winziger Lichtpunkt.

Jetzt können Sie sich entspannen und Ihren Geist treiben lassen. Wenn die Gedanken zurückkommen, nehmen Sie allmählich auch Ihren eigenen Körper wieder wahr. Registrieren Sie einige Minuten lang den Raum und Ihre Präsenz darin. Danach gehen Sie zu Ihren normalen Aktivitäten über.

Der Regenbogen

Übungsplan: 52.–54. Woche
Dauer: Etwa 45 Minuten, einmal pro Tag,
sechsmal pro Woche
Position: Bequem auf dem Boden sitzend

Bei der nun beschriebenen Übung wird die Geduld Ihrer Familie auf eine leichte Probe gestellt. Inzwischen sollte sie sich ja an Ihr leicht exzentrisches Benehmen gewöhnt haben. Jetzt geht es nämlich um die vergängliche Natur aller Schätze, die wir besitzen oder uns wünschen. Schließlich wenden wir für den Erwerb unserer Besitztümer große Mengen von Zeit und Energie auf. Zuerst ist es harte Arbeit, sie zu bekommen, und dann muss man sich sehr darum kümmern, sie zu pflegen oder aufzupassen, dass sie uns niemand wegnimmt. Bei dieser Übung untersuchen wir, welchen Sinn diese Aktivitäten machen. Dabei geht es um drei Kategorien von Objekten:

1. Objekte, die Ihnen einmal viel bedeutet haben

Dies sind Gegenstände, die uns heute längst nicht mehr so viel bedeuten wie früher. Vielleicht sind sie verbraucht oder aus der Mode gekommen. Haben Sie Kleidungsstücke, auf die Sie früher einmal sehr stolz waren, und die Ihnen heute nur noch komisch vorkommen? Auch bestimmte Möbel oder Schmuckstücke können in Frage kommen.

2. Objekte von großem Wert, die Sie besitzen

Es handelt es sich dabei um Besitztümer, auf die Sie besonders stolz sind. Es können Statusobjekte sein, durch deren Besitz wir uns wichtig fühlen: ein bestimmtes Auto oder eine technische Spielerei.

3. Objekte von großem Wert, die Sie sich wünschen

Dabei geht es um Dinge auf Ihrer Wunschliste. Dinge, von denen sie träumen. Möglicherweise wiederum Statusobjekte, deren Besitz uns ein Gefühl von Wichtigkeit gibt.

Wählen Sie für jede Übungswoche Objekte aus, die für die betreffende Kategorie repräsentativ sind. Sie können eine Woche lang mit dem gleichen Objekt arbeiten oder jeden Tag ein anderes nehmen. Dinge, die Sie bereits besitzen, sollten, wenn möglich, bei der Übung körperlich vorhanden sein. Handelt es sich um ein Auto, dann führen Sie die Übung in der Garage durch. Geht es um den neuen Fernseher mit dem Riesenbildschirm, dann machen Sie die Übung vor dem Fernseher (der natürlich abgeschaltet bleibt). Geht es um Dinge, die Sie sich wünschen, aber noch nicht besitzen, suchen Sie sich Möglichkeiten, um sie anzusehen. Gehen Sie in ein Geschäft und betrachten Sie den Gegenstand. Besuchen Sie das neue Grundstück. Machen Sie ein Foto, das Sie während der Übung verwenden können.

Setzen Sie sich für die Übung so hin, dass Sie zwar das betreffende Objekt sehen können, es jedoch nicht Ihr gesamtes Blickfeld ausfüllt. Kleinere Gegenstände wie Laptop oder Handy können Sie vor sich auf den Boden oder auf einen Tisch legen. Bei größeren Objekten wie Auto oder Fernseher sitzen Sie so, dass Sie sie seitlich aus den Augenwinkeln wahrnehmen können. Geht es um ein Haus oder Grundstück, wählen Sie Ihren Standpunkt so, dass Sie das Objekt aus einiger Entfernung als Ganzes erfassen können.

Halten Sie beim Sitzen den Rücken gerade. Beginnen Sie wieder mit der Atemübung. Richten Sie dann die Aufmerksamkeit auf das betreffende Objekt. Studieren Sie diejenigen Eigenschaften, an denen Sie sich erfreuen bzw. die Ihnen einmal Freude gemacht haben. Untersuchen Sie, was das Objekt für Sie bedeutet.

Nun wenden Sie den Blick ab. Schauen Sie nach oben oder zur Seite. Stellen Sie sich das Objekt bildlich vor. Machen Sie das Bild so plastisch wie möglich. Es schwebt dort vor Ihnen im Raum, allerdings so substanzlos wie ein Regenbogen. Wenn Sie sich nicht so recht erinnern können, dürfen Sie zwischendurch einen kurzen Blick auf den Gegenstand oder das Foto werfen.

Nehmen Sie sich mindestens fünf Minuten Zeit. Es macht nichts, wenn Sie das Gefühl haben, für diese Art von Visualisierung nicht sonderlich begabt zu sein. Entscheidend ist, dass Sie sich überhaupt die Präsenz des Objekts im Raum vor Ihnen vorstellen können.

Und jetzt zerstören Sie dieses Regenbogenobjekt ganz langsam. Mechanische Gegenstände zerlegen Sie in ihre Einzelteile. Kleidungsstücke trennen Sie an den Nähten auf; den Stoff lösen Sie in einzelne Fäden auf, die Sie gedanklich in Stücke reißen. Achten Sie dabei auf Ihre Gefühle in Bezug auf das betreffende Objekt. Was passiert mit dem Wert, den der Gegenstand für Sie hat? Welche Wirkung übt die Veränderung des Objekts auf Sie aus? Wie verändert sich Ihre Beziehung zu ihm?

Zerstören Sie das Objekt, bis nichts weiter als ein Haufen Staub übrigbleibt. Es soll nichts mehr an das ursprüngliche Objekt erinnern. Und nun verwandelt sich der Staub in eine Kugel aus fünf leuchtenden Regenbogenfarben: Rot, Gelb, Grün, Weiß und Blau. Die Kugel hat keine äußere Oberfläche, sondern strahlt in den sie umgebenden Raum aus. Sie repräsentiert die vollkommene Harmonie der Elemente. Freuen Sie sich über die perfekte Schönheit dieser Kugel.

Verweilen Sie einige Minuten dabei. Lassen Sie dann aus den Regenbogenfarben der Kugel das Regenbogenobjekt neu erstehen. Freuen Sie sich über die harmonischen Qualitäten des Gegenstandes. Würdigen Sie seine Beziehung zu den fundamentalen Qualitäten der Elemente. Und dann lassen Sie das Regenbogenobjekt mit dem realen Objekt verschmelzen. Der reale Gegenstand wird jetzt mit den Eigenschaften des Regenbogenobjekts aufgeladen. Bleiben Sie einige Minuten lang bei Ihrer Beziehung zu diesem Objekt. Worin besteht sein Wert? Hat es überhaupt einen Wert? Brauchen Sie den Gegenstand? Behindert er Sie oder nützt er Ihnen? Ist er all die Anstrengungen wert, die Sie machen, um ihn zu bekommen oder zu behalten?

Sie können diesen Zyklus bis zu dreimal während einer Übungssitzung durchlaufen. Machen Sie zwischen den einzelnen Durchgängen jeweils eine kurze Pause.

Wenn Sie möchten, können Sie sich nach der Übung eine Zeit lang mit dem Objekt beschäftigen. Benutzen Sie den Computer oder das Telefon, ziehen Sie das Kleid wirklich an. Untersuchen Sie noch einmal, welche Beziehung Sie zu dem Gegenstand haben.

Erforschen Sie während der kommenden Wochen auch Ihre Beziehung zu weiteren Objekten. Prüfen Sie genau, was Sie wirklich brauchen und was nicht. Studieren Sie Ihr eigenes Verhaftetsein. Probieren Sie diese Übung aus, unmittelbar bevor Sie planen, etwas Bestimmtes zu kaufen.

Auszeit

Übungsplan: 55. Woche

Jetzt ist wieder Zeit für einen kurzen Urlaub. Genießen Sie die Zeit!

Die äußeren Elemente: Zusammenfassung

Übungsplan: 56.–60. Woche
Dauer: Etwa 45 Minuten, einmal pro Tag,
sechsmal pro Woche

Gehen Sie nun, pro Element eine Woche lang, alle Übungen zu den äußeren Elementen (Seite 158–165) noch einmal durch. Achten Sie dabei darauf, wie Sie von den Elementen geistig und körperlich beeinflusst werden. Und umgekehrt: Wie beeinflussen

Ihre Stimmungen die Interpretation der Elemente? In welcher Weise beeinflussen Sie durch Ihre Stimmungen die Harmonie der Elemente in Ihrer Umgebung? Registrieren Sie insgesamt die Einwirkung des Menschen auf die Elemente.

Achten Sie auch darauf, in welcher Verbindung und Beziehung die Elemente untereinander stehen. Erde enthält immer Feuchtigkeit; Feuer ist stets mit Luft verbunden; Wasser begrenzt die Macht des Feuers und so weiter.

Die inneren Elemente

Mit Hilfe dieser Übungen können Sie ein besseres Gespür dafür entwickeln, wann es Ihnen gesundheitlich besser und wann schlechter geht. Dabei meinen wir Gesundheit im umfassenden Sinn von körperlicher, geistiger und emotionaler Gesundheit. Der Begriff umfasst also wesentlich mehr, als die Medizin normalerweise darunter versteht.

Man kann Gesundheit als eine Art von Harmonie verstehen. Sind unsere Emotionen ausgeglichen und in Harmonie? Nach ein bis zwei Jahren mit diesen Übungen haben Sie inzwischen vielleicht eine tiefere Harmonie mit sich selbst und der Welt finden können. Bestimmt sind Sie inzwischen auch sensibler dafür geworden, ob Sie sich in einem harmonischen Zustand befinden oder nicht. Auch das Bewusstsein, wie Sie mit Ihrem Körper umgehen, sollte sich deutlicher entwickelt haben. Ernähren Sie sich vernünftig? Treiben Sie in gesundem Maße Sport? Schützen Sie sich vor Erkältungen? Entsprechendes gilt für Ihre emotionale und geistige Gesundheit. Kümmern Sie sich um Ihre Beziehungen zu anderen Menschen? Achten Sie darauf, sich nicht zuviel Stress auszusetzen?

Es gibt also Ihre eigene Harmonie, und es gibt das Bewusstsein für die körperliche, emotionale und geistige Harmonie Ihrer

Mitmenschen, ja der gesamten Welt. Inzwischen werden Sie sicherlich besser verstehen, wie Ihre eigene Harmonie (oder deren Mangel) Ihre Umgebung beeinflusst.

Mit den Übungen zu den inneren Elementen wollen wir diese Harmonien auf einer noch subtileren Ebene untersuchen. Wir erkunden das Wechselspiel der Elemente mit unseren emotionalen und körperlichen Zuständen. Gibt es Disharmonie, können Sie lernen, wieder Harmonie herzustellen und Ihr eigenes Wohlbefinden zu steigern und zu verfeinern.

Mit den inneren Elementen arbeiten

Position: Aufrecht sitzend

Machen Sie zunächst wieder mindestens fünf Minuten lang die Atemübung (Seite 150–152. Entspannen Sie sich. Fühlen Sie, wie Ihr Körper leichter wird. Nehmen Sie wahr, wo es Ihnen an Gleichgewicht oder Harmonie fehlt. Fühlen Sie sich gehetzt, müde, verärgert oder ängstlich? Halten Sie sich nicht mit einer Analyse möglicher Ursachen auf, sondern registrieren Sie einfach die betreffenden Empfindungen.

In diesem Zyklus werden Sie lernen, sich zu jedem der inneren Elemente eine geometrische Form in einer bestimmten Farbe vorzustellen sowie eine Position in der Körperregion, die mit dem jeweiligen Element in Zusammenhang steht. Die Formen bestehen aus reinem Licht, sie haben keine feste Substanz. Versuchen Sie, sich selbst als ebenso schwere- und substanzlos vorzustellen. Jede dieser Formen strahlt ihr eigenes Licht durch den ganzen Körper. Auf diese Weise durchdringen die harmonischen Qualitäten des jeweiligen Elements den Körper. Jedes innere Ungleichgewicht kann von einem speziellen Licht geheilt werden. Unreinheiten und Schmerzen verlassen den Körper als dunkler Rauch.

194

Manche Menschen können sich solche Objekte nicht besonders gut vorstellen. Das hat nichts mit mangelnden Fähigkeiten zu tun, sondern zeugt nur von einer bestimmten Organisation ihrer Vorstellungswelt. Machen Sie sich keine Sorgen. Es genügt, wenn Sie sich das jeweilige Licht in der gewünschten Region des Körpers vorstellen können. Das Wichtigste an diesen Übungen ist das Empfinden für die heilenden Qualitäten der Elemente.

Etwa nach der Hälfte der Übung beginnen Sie darüber nachzudenken, in welcher Beziehung die Eigenschaften des jeweiligen Elements zu Ihrer Umgebung stehen. Prüfen Sie, wo deren Harmonie gestört ist, wo ein bestimmtes Element zu stark oder zu schwach entwickelt ist. Überlegen Sie auch, inwiefern andere Personen von einer harmonischen Umgebung profitieren würden.

Stellen Sie sich vor, wie das Licht der jeweiligen geometrischen Form auch zu anderen ausstrahlt. Beginnen Sie mit den Menschen und Situationen, die Ihnen am nächsten stehen – bei der Arbeit oder im Privatleben. Danach schließen Sie Menschen ein, die Sie nicht so gut kennen oder die Sie seltener sehen. Dehnen Sie das Licht immer weiter aus, bis es alle Menschen, bis es die ganze Welt umfasst.

Die Übung endet damit, dass sich die geometrische Figur auflöst. Sie wird immer transparenter und verschwindet schließlich ganz. Ihre spezielle Qualität und Harmonie bleiben bei Ihnen. Danach entspannen Sie sich einige Minuten lang und genießen die neu gewonnene Balance.

Erde

Übungsplan: 61.–64. Woche
Dauer: Etwa 45 Minuten, einmal pro Tag,
sechsmal pro Woche

195

Element	Eigenschaften	Physiologie
Erde	Festigkeit, Stabilität, Schwere	Feste Körperteile: Knochen, Haare, Nägel, Bänder u. Fasern
Wasser	Zusammenhalt, Anpassungsfähigkeit, Kreativität, Feuchtigkeit, Fließen	Körperflüssigkeiten und alle Zirkulationen innerhalb des Körpers sowie mit der Außenwelt
Feuer	Wärme, Helligkeit, Reaktionsfähigkeit	Körperwärme, Sexualhormone, Adrenalin
Luft	Bewegung, Schnelligkeit, Intelligenz	Nervensystem, Intellekt
Raum	Unendliche, alles durchdringende Offenheit	Körperhöhlungen, starker geistiger Bezug

Psychische Eigenschaften	Farbe/Form	Position
Im Gleichgewicht: stabil, verlässlich Zu stark: schwer, schläfrig Zu schwach: kein Boden unter den Füßen	Goldgelber Würfel	Nabel
Im Gleichgewicht: anpassungs- fähig, kreativ, lösungsorientiert Zu stark: extrem subjektiv Zu schwach: Panik selbst bei kleinsten Problemen, mangelndes Selbstvertrauen, Angst vor Gefühlen	Weiße Kugel	Herz
Im Gleichgewicht: warm, liebevoll, intuitiv, geistig klar, großzügig, mitfühlend Zu stark: aggressiv, emotional, exzessive Leidenschaft Zu schwach: kühl, pessimistisch, wenig Wärme	Rubinrote Pyramide	Unterer Halsansatz
Im Gleichgewicht: intelligent, hält Systeme in Bewegung Zu stark: workaholic, ängstlich, spintisierend Zu schwach: müde, schlaff, inkonsequentes Denken	Grüne Halbkugel	Becken
Im Gleichgewicht: geistige Offenheit; kann tiefere Schichten der Realität erkunden, ohne den Bezug zur relativen Wirklichkeit zu verlieren Zu stark: verrückt; unfähig, sich auf die normale Wirklichkeit einzulassen Zu schwach: klaustrophobisch, konfus, verwirrt	Formloses tiefes Blau	Ohne spezifische Position

Das Element Erde wird durch einen goldgelben Würfel dargestellt. Seine Position ist das Zentrum des Körpers auf der Höhe des Nabels. In ihrer harmonischen Form hat Erde die Qualitäten der Festigkeit und der Stabilität, die sich deutlich unterscheiden von Schwere und Trägheit.

Luft

Übungsplan: 65.–68. Woche
Dauer: Etwa 45 Minuten, einmal pro Tag,
sechsmal pro Woche

Luft wird von einer smaragdgrünen, halbkugelförmigen Schale im Zentrum des Körpers etwa 10 cm unterhalb des Nabels dargestellt. In ihrer harmonischen Form hat Luft die Qualitäten der Anpassungsfähigkeit sowie der spontanen Einsichtsfähigkeit und Intelligenz.

Wasser

Übungsplan: 69.–72. Woche
Dauer: Etwa 45 Minuten, einmal pro Tag,
sechsmal pro Woche

Wasser stellen wir uns als weiße Kugel in Höhe des Herzzentrums vor. Das Fließende und das Umgängliche gehören zu den harmonischen Eigenschaften des Wassers. Es steht für kreatives Denken und Problemlösen.

Feuer

Übungsplan: 73.–76. Woche
Dauer: Etwa 45 Minuten, einmal pro Tag,
sechsmal pro Woche

Feuer stellen wir uns als eine rubinrote Pyramide im unteren Halsansatz vor. Die Spitze der Pyramide zeigt nach oben. Die harmonischen Qualitäten des Feuers sind Wärme und Vitalität.

Raum

Übungsplan: 77.–80. Woche
Dauer: Etwa 45 Minuten, einmal pro Tag,
sechsmal pro Woche

Raum hat keine Form. Man kann sich Raum als den Kontext vorstellen, innerhalb dessen wir alle anderen Elemente überhaupt erst erfahren können. Wir visualisieren den Raum als wolkenlosen blauen Himmel, der uns vollständig umgibt und mit dem wir untrennbar verbunden sind. Die harmonischen Eigenschaften des Raumes sind geistige Offenheit und Verzicht auf verurteilende Kritik.

Integration der inneren Elemente

Übungsplan: 81.–84. Woche
Dauer: Etwa 45 Minuten, einmal pro Tag,
sechsmal pro Woche

In dieser Übung beschäftigen Sie sich im Rahmen einer einzigen Sitzung nacheinander mit allen Elementen. Jedem Element widmen Sie etwa fünf bis zehn Minuten, und zwar in der Reihenfolge: Erde, Luft, Wasser, Feuer, Raum.

Vielleicht kann Ihnen die Tabelle auf den Seiten 196–197 bei der Erforschung der Qualitäten der Elemente helfen. Machen Sie sich dabei bewusst, dass die traditionelle chinesische und tibetische Medizin (die beide über 2000 Jahre alt sind) im wesentlichen darauf abzielen, im Körper das richtige Verhältnis der Elemente untereinander herzustellen und zu erhalten.

Universelles Mitgefühl

Übungsplan: 85.–88. Woche
Dauer: Etwa 45 Minuten, einmal pro Tag,
sechsmal pro Woche

Diese Übung hat Ähnlichkeiten mit der Übung »Das heilende Licht«, die sich mit Ihrem eigenen Bedürfnis nach Heilung beschäftigt. Hier geht es nun darum, dieselben heilenden Qualitäten auf die Welt zu übertragen.

Den Vorsatz zu Mitgefühl entwickeln (erste Woche)

Machen Sie jeden Tag eine der Übungen, die Ihnen bisher besonders gut gefallen haben. Wählen Sie Übungen, die Ihnen selbst den größten Nutzen gebracht oder die sich positiv auf Ihre Arbeitsbeziehungen ausgewirkt haben. Berücksichtigen Sie vor allem solche Übungen, bei denen Sie ein besonders liebevolles Gefühl für diejenigen Menschen entwickeln konnten, mit denen Sie zusammenarbeiten. Sie können jeden Tag eine andere Übung machen oder dieselbe Übung die ganze Woche lang.

Bevor Sie nach den Übungssitzungen zu Ihren normalen Tagesaktivitäten übergehen, sollten Sie etwa 15 bis 20 Minuten darüber nachdenken, welche Rolle das Mitgefühl in Ihrem Leben spielt. In welcher Weise haben andere Ihnen gegenüber Mitgefühl gezeigt? Wann haben Sie sich anderen oder sich selbst gegenüber anständig und hilfsbereit verhalten? Vergegenwärtigen Sie sich, wie gut Sie und andere sich dabei gefühlt haben.

Während dieser Übungswoche notieren Sie im Tagebuch Ihren persönlichen Vorsatz zu Mitgefühl. Inhalt oder Länge spielen keine Rolle. Er sollte auf sehr persönliche Weise ausdrücken, was Mitgefühl für Sie bedeutet. Sie können ihn mit Ihren eigenen Worten formulieren oder eine Aussage aus einem für Sie wichtigen religiösen bzw. philosophischen Zusammenhang benutzen. Wichtig ist nur, dass Sie sich mit dieser Aussage identifizieren können. Dieser Vorsatz zeigt, wer Sie sind und welche Ziele Sie haben.

Folgender Vorsatz zu Mitgefühl mit dem Titel *Die vier grenzenlosen Kontemplationen* stammt aus der buddhistischen Tradition. Vielleicht kann er Ihnen als Beispiel dienen.

Mögen alle Wesen stets Glück erfahren und die Ursachen von Glück.
Mögen sie alle frei sein von Leid und den Ursachen von Leid.
Möge kein Wesen je getrennt sein von wahrem Glück, das frei ist von Leid.
Und mögen alle Wesen stets mit großem Gleichmut handeln, frei von Anhaftung an ihre Nächsten und von Abneigung gegen andere.

Halten Sie den Vorsatz in einer Form fest, dass Sie ihn sich stets leicht vergegenwärtigen können, ihn einsehen können, wann immer Sie wollen. Vielleicht möchten Sie ihn auf ein Kärtchen drucken oder schreiben oder Sie richten in Ihrem Computer eine Rubrik ein, wo Sie Ihre Ziele und Werte notieren können.

201

Die Entwicklung des Vorsatzes zu Mitgefühl (zweite bis vierte Woche)

Die Übung beginnt damit, dass Sie sich aufrecht hinsetzen. Machen Sie wieder die Atemübung und entspannen Sie sich. Lesen Sie, was Sie als Ihren Vorsatz notiert haben. Sie können die Worte laut lesen oder auswendig lernen. Formulieren Sie sehr sorgfältig, und denken Sie eine Viertelstunde darüber nach, welche Bedeutung diese Aussage für Sie hat. Konzentrieren Sie sich darauf, Mitgefühl und Liebe für sich selbst und Ihre Mitmenschen zu entwickeln. Achten Sie auch auf alle Gefühle von Freude oder Schmerz, die dabei auftauchen. Beziehen Sie die anderen mit ein – zunächst diejenigen, die Ihnen sehr nahe stehen, und dann alle anderen Menschen. Entwickeln Sie den Wunsch, alle anderen mögen dieselbe Freude empfinden können wie Sie und alle mögen von dem Leiden verschont bleiben, das Sie kennen.

Sobald diese Gefühle stark genug sind, können Sie sich entspannen und in eine ganz nicht-sprachliche, nicht-analytische Empfindung dieses Vorsatzes hineingehen. Stellen Sie sich nun vor, dass sich vor Ihnen im Raum waagerecht drei farbige Bänder von gleicher Breite über den gesamten Horizont erstrecken. Die Bänder sind nicht undurchdringlich, sondern halb transparent wie ein Regenbogen. Das oberste Band ist von einem diamanthellen Weiß, das mittlere von einem tiefen Rubinrot und das untere von einem satten Blau. Diese Lichtbänder repräsentieren das Mitgefühl in seinen drei universellen Formen: als Körper, Rede und Geist. Sie symbolisieren das allumfassende Mitgefühl, das potentiell in uns allen vorhanden ist. Die Lichtbänder strahlen Mitgefühl und Liebe in reinster und unverfälschter Form aus.

Das weiße Band strahlt reines Mitgefühl aus, das mit dem Körper assoziiert wird. (Weißes Licht heilt uns körperlich.) Das rote Licht strahlt das reine Mitgefühl der Rede bzw. Sprache aus und das blaue Licht das Mitgefühl des Geistes. Das weiße Licht dringt durch die Stirn in den Körper ein, das rote Licht durch den Halsansatz und das blaue durch das Herzzentrum. Sie durchdringen den ganzen Körper und verwandeln ihn in einen transparenten leuchtenden Regenbogen. Während das passiert, versuchen Sie sich daran zu erinnern, wie oft Sie schon mitfühlend handeln wollten, es dann aber nicht taten, weil es Ihnen leider an Weisheit oder Wille fehlte. Vielleicht hatten Sie Angst, etwas dabei zu verlieren; vielleicht waren Sie zu sehr mit Ihrem eigenen Leid beschäftigt; vielleicht haben Sie das Leiden der anderen nicht erkannt; vielleicht haben Sie versucht, etwas zu bewirken, sind aber wirkungslos geblieben.

Während das Licht Ihren ganzen Körper durchströmt, können Sie sich vorstellen, dass sich all Ihre Vorsätze und Ihr gesamtes noch nicht realisiertes Potential für mitfühlendes Denken und Handeln in pure Realität verwandeln. Nichts kann Sie mehr aufhalten. Ihr Mitgefühl und Ihre Liebe sind grenzenlos. Was auch immer Sie tun, denken oder wünschen – es ist die Verwirklichung von Liebe und Mitgefühl. Bleiben Sie etwa 15 bis 30 Minuten bei dieser Kontemplation.

Nachdem Sie diese Empfindungen eine Zeit lang in sich verkörpert haben, wenden Sie sich allmählich der Außenwelt zu. Nehmen Sie, ohne es zu beurteilen, wahr, was Sie sehen, hören, riechen und berühren. Alles, was Sie wahrnehmen, wird vom Licht des Regenbogens durchdrungen und erhält die unverfälschten Qualitäten des Mitgefühls der drei Farbbänder. Sie sehen nichts anderes als reines Mitgefühl und Sie hören nichts anderes als den Klang des Mitgefühls. Erkennen Sie, dass jeder Gedanke, jede Erinnerung und jede Idee ihrem eigenen Wesen nach in eine von Mitgefühl geleitete Handlung transformiert werden können. Die drei farbigen Lichtbänder mit ihrer weißen, roten und blauen Energie strahlen diese Qualität des freudigen Mitgefühls auf alle Lebewesen und Dinge aus.

Kommen in Ihnen unangenehme Gefühle oder Erinnerungen auf, so erkennen Sie, dass Derartiges Sie von aller Negativität befreien kann. Nehmen Sie alles als Gelegenheiten wahr, um Geduld, Weisheit und Verständnis zu entwickeln. Nehmen Sie sich für diese Kontemplation etwa 15 bis 30 Minuten Zeit.

Zum Schluss lösen sich die drei Lichtbänder auf. Ihre Wirkung bleibt jedoch für Sie und die ganze Welt präsent. Entspannen Sie sich, und wenden Sie sich dann wieder dem Alltag zu. Nehmen Sie von den gerade erfahrenen positiven Gefühlen so viel wie möglich mit hinüber. Nehmen Sie vor allem das Wissen mit, dass Sie über die Fähigkeit, die Energie und den Vorsatz verfügen, sich mitfühlend gegenüber sich selbst und Ihren Mitmenschen zu verhalten.

Das Retreat

Entspannungs-Retreat

Hier finden Sie den Zeitplan für ein dreitägiges Entspannungs-Retreat, das schon im entsprechenden Abschnitt in Teil I (Seite 108–115) vorgestellt wurde. Ein solches Retreat ist auch dann eine sinnvolle Erfahrung, wenn man sich nicht mit dem Übungsplan aus Teil II beschäftigt.

Umgebung

Entscheiden Sie sich für eine ansprechende Umgebung, wie beispielsweise eine Hütte in den Bergen oder am Strand. Wählen Sie einen relativ abgelegenen Ort, an dem Sie nicht zu sehr von anderen Menschen gestört werden. Wenn Sie dazu in Ihrer unmittelbaren Nähe keine Gelegenheit haben, stellt Ihnen vielleicht ein Freund sein Haus oder seine Wohnung zur Verfügung. In jedem Fall sollten die Räume sauber und aufgeräumt sein. Dreck und Unordnung erschweren die Entspannung.

Ausrüstung

Warme, bequem sitzende, nicht zu enge Kleidung mit dicken Socken;
stabile, möglichst wasserabweisende Wanderschuhe;
eine Yogamatte oder dicke Decke für die Bodenarbeit;
Massageöl;
Materialien wie Papier, Farben, Pinsel, Lappen zum Aufwischen, Ton, Löffel, Messer, Scheren, Plastikschlüsseln für Wasser und Farben, Gummibänder, Heftklammern, Marker und Stifte.

Ernährung

Bei einem organisierten Retreat wird in aller Regel jemand das Essen für Sie vorbereiten. Dennoch möchten Sie vielleicht etwas Trockenobst mitnehmen. Salzige und fette Dinge wie Chips oder Snacks bleiben besser zu Hause. Ebenso alle anregenden Getränke und Alkohol. Und nach Möglichkeit die Zigaretten!

Wenn Sie das Retreat allein machen, ist es besser, im Voraus so viele Mahlzeiten vorzubereiten wie möglich. Wählen Sie nahrhafte Speisen, die sich gut verdauen lassen. Vielleicht gönnen Sie dem Körper auch einmal eine Pause von Fleisch und Molkereiprodukten.

Sämtliche Gerichte sollten einfach in der Zubereitung sein. Am besten eignen sich Eintöpfe, Salate, Auflaufgerichte oder Suppen mit einem Stück Brot.

Uhrzeit	Tag 1	Tag 2	Tag 3	Tag 4
6.00		Aufstehen, waschen. Ändern Sie die übliche Morgenroutine, z. B.: kein Rasieren, kein Makeup, kein Haareföhnen. Schweigen Sie.	wie 2. Tag	wie 2. Tag
6.30		Meditatives Gehen, draußen oder drinnen; In Schweigen die Umgebung wahrnehmen.	wie 2. Tag	wie 2. Tag
8.00		Frühstück und Aufräumen. Leise Gespräche sind erlaubt.	wie 2. Tag	wie 2. Tag
9.00		Übung »Atmen«. Wahrnehmung der Gefühle. Formlose künstlerische Betätigung.	wie 2. Tag	wie 2. Tag
9.45		Teepause	wie 2. Tag	wie 2. Tag
10.15		Übung »Gefühle«; auf dem Boden liegend.	Übung »Das goldene Tor des Mitgefühls«	Übung »Das goldene Tor des Mitgefühls«
11.00		Körperarbeit, Yoga, Massage, kreative Bewegung.	wie 2. Tag	wie 2. Tag
12.00		Übung »Das heilende Licht – Weiß«	Übung »Das heilende Licht – Rot«	Übung »Das heilende Licht – Blau«
12.45		Mittagessen und Pause. Meditatives Gehen.	wie 2. Tag	wie 2. Tag

Uhrzeit	Tag 1	Tag 2	Tag 3	Tag 4
14.00		Übung »Die äußeren Elemente – Erde«	Übung »Die äußeren Elemente – Luft«	Übung »Die äußeren Elemente – Wasser«
15.15		Übung »Die inneren Elemente – Erde«	Übung »Die inneren Elemente – Luft«	Übung »Die inneren Elemente – Wasser«
16.00		Teepause	wie 2. Tag	wie 2. Tag
16.30		Kunst – wenn möglich als Gruppenarbeit.	wie 2. Tag	wie 2. Tag
18.00	Ankunft, Säubern und Vorbereiten des Hauses. Schrank ein räumen; Essen vorbereiten.	Abendessen und Pause	wie 2. Tag	Abendessen und Abreise
20.00	Übungen »Atmen« und »Das goldenen Tor des Mitgefühls«	wie 1. Tag	wie 1. Tag	
20.30	Entspannung am offenen Kamin oder draußen. Ein Glas Bier oder Wein erlaubt.	Tagebucheintrag. Übung »Die Klärung von Schuld«. Kontemplation.	wie 2. Tag	
22.00	Bettruhe	wie 1. Tag	wie 1. Tag	

Externe Unterstützung

Die folgende Organisation ist von Dr. Akong Tulku Rinpoche autorisiert. Dort erhalten Sie eine Liste von Unterstützungsgruppen in Ihrer Nähe oder Hinweise, wie Sie eine eigene Gruppe gründen können. Wir sind auch sonst mit Rat und Tat für Sie da, wenn es um Themen geht wie:

Entspannungs-Retreats
Retreats für Projekte und Teams, einschließlich
    logistischer Unterstützung
Einzel-Coaching
Unterstützungsgruppen

Tara Associates
PO Box 360866
Columbus, Ohio 43236
USA
Email: Dona.Witten@aol.com